지식인마을 17
아리스토텔레스 & 이븐 루시드
자연철학의
조각그림 맞추기

지식인마을 17 자연철학의 조각그림 맞추기
아리스토텔레스 & 이븐 루시드

저자_ 김태호

1판 1쇄 발행_ 2007. 2. 13.
2판 1쇄 발행_ 2013. 10. 10.
2판 3쇄 발행_ 2022. 7. 1.

발행처_ 김영사
발행인_ 고세규

등록번호_ 제406-2003-036호
등록일자_ 1979. 5. 17.

경기도 파주시 문발로 197(문발동) 우편번호 10881
마케팅부 031)955-3100, 편집부 031)955-3200, 팩스 031)955-3111

저작권자 ⓒ 2007 김태호
이 책의 저작권은 저자에게 있습니다. 서면에 의한 저자와 출판사의
허락 없이 내용의 일부를 인용하거나 발췌하는 것을 금합니다.

Copyright ⓒ 2007 KIM Tae-Ho
All rights reserved including the rights of reproduction in whole
or in part in any form. Printed in KOREA.

값은 뒤표지에 있습니다.
ISBN 978-89-349-2122-6 04160
      978-89-349-2136-3 (세트)

홈페이지_ www.gimmyoung.com   블로그_ blog.naver.com/gybook
인스타그램_ instagram.com/gimmyoung   이메일_ bestbook@gimmyoung.com

좋은 독자가 좋은 책을 만듭니다.
김영사는 독자 여러분의 의견에 항상 귀 기울이고 있습니다.

지식인마을 17

아리스토텔레스 & 이븐 루시드
Jeremy Bentham & Peter Singer

자연철학의 조각그림 맞추기

김태호 지음

김영사

Prologue 1 지식여행을 떠나며

낯선 과학자들의 눈으로 세상 보기

우리는 지구가 우주의 중심이 아니라 조그만 행성에 지나지 않으며, 다른 행성들과 마찬가지로 태양의 주위를 돌고 있다는 것을 알고 있다. 그렇다면 왜 태양이 지구를 돈다고 주장한 아리스토텔레스의 우주구조에 대한 이야기를 읽어야 하는가?

우리는 이 세상이 백여 가지의 원소로 이루어져 있으며, 사람의 힘으로 한 원소를 다른 원소로 마음대로 변화시키는 것은 불가능하다는 것을 알고 있다. 그렇다면 왜 '4원소설'이나 '원소의 변환', '연금술' 따위에 대해 알아야 하는가?

바둑을 한 판 두고 나면 돌을 다시 놓아보면서 무엇을 잘했고 무엇을 잘못했는지 되새겨본다. 이것을 '복기'라고 한다. 때로는 이긴 바둑을 복기할 때보다 진 바둑을 복기하면서 더 많은 것을 배울 수 있다. 왜 내가 여기서 이런 선택을 했는지, 다음에 또 비슷한 상황이 오면 어떻게 해야 할지 등등.

이미 옳지 않음이 드러난 과학 이론에 대해 배워보는 것은 진 바둑을 복기하는 것과 비슷한 역할을 한다. 비록 오늘날에는 옳지 않은 것으로 판명된 이론이라도, 당시에는 그들이 내릴 수 있었던 최선의 결론이었을 경우가 있다. 우리는 그들의 선택 과정을 살펴봄으로써 과학자들이 어떤 어려움을 겪고 있으며, 주어진 환경 속에서 최선의 결과를 이끌어내기 위해 얼마나 많은 노력을 기울이는지 알 수 있는 것이다. 나아가 오늘날에 비해 알려진 것이 놀랄 만큼 적었던 시대에 어떻게 해서 그렇게 짜임새 있는(비록 '옳은' 이론은 아니었다 해도) 이론을 만들어낼 수 있었는지, 그들에 대해 찬탄과 존경의 마음까지 갖게 될 수도 있으리라.

아리스토텔레스와 이븐 루시드. 모두 과학자로서는 낯선 이름들이다. 하지만 이들의 사상 덕분에 서양에서는 합리주의의 전통이 강하게 뿌리내리게 되었다. 전지전능한 신이라 해도 자연의 법칙에 따라 이 세상에 개입할 수밖에 없다고 주장하였던 인물들. 그들이 생각한 자연과 우주의 모습은 어떤 것이었을까? 옛사람들의 머리와 가슴 속에서 신앙과 이성은 어떻게, 그리고 어떠한 형태로 조화를 이루고 있었을까? 이런 것들이 궁금하다면, 발음하기도 왠지 어색한 이들의 사상과 과학 세계에 도전해 볼 충분한 동기가 생긴 셈이다. 이제 함께 도전해보자.

Prologue 2 이 책을 읽기 전에

〈지식인마을〉시리즈는…

　〈지식인마을〉은 인문·사회·과학 분야에서 뛰어난 업적을 남긴 동서양대표 지식인 100인의 사상을 독창적으로 엮은 통합적 지식교양서이다. 100명의 지식인이 한 마을에 살고 있다는 가정 하에 동서고금을 가로지르는 지식인들의 대립·계승·영향 관계를 일목요연하게 볼 수 있도록 구성했으며, 분야별·시대별로 4개의 거리를 구성하여 해당 분야에 대한 지식의 지평을 넓히는 데 도움이 되도록 했다.

〈지식인마을〉의 거리
플라톤가 ｜ 플라톤, 공자, 뒤르켐, 프로이트 같은 모든 지식의 뿌리가 되는 대사상가들의 거리이다.
다윈가 ｜ 고대 자연철학자들과 근대 생물학자들의 거리로, 모든 과학 사상이 시작된 곳이다.
촘스키가 ｜ 촘스키, 베냐민, 하이데거, 푸코 등 현대사회를 살아가는 인간에 대한 새로운 시각을 제시한 지식인의 거리이다.
아인슈타인가 ｜ 아인슈타인, 에디슨, 쿤, 포퍼 등 21세기를 과학의 세대로 만든 이들의 거리이다.

이 책의 구성은
〈지식인마을〉 시리즈의 각 권은 인류 지성사를 이끌었던 위대한 질문을 중심으로 서로 대립하거나 영향을 미친 두 명의 지식인이 주인공으로 등장한다. 그리고 다음과 같은 구성 아래 그들의 치열한 논쟁을 폭넓고 깊이 있게 다룸으로써 더 많은 지식의 네트워크를 보여주고 있다.

초대 각 권마다 등장하는 두 명이 주인공이 보내는 초대장. 두 지식인의 사상적 배경과 책의 핵심 논제가 제시된다.

만남 독자들을 더욱 깊은 지식의 세계로 이끌고 갈 만남의 장. 두 주인공의 사상과 업적이 어떻게 이루어졌으며, 그들이 진정 하고 싶었던 말은 무엇이었는지 알아본다.

대화 시공을 초월한 지식인들의 가상대화. 사마천과 노자, 장자가 직접 인터뷰를 하고 부르디외와 함께 시위 현장에 나가기도 하면서, 치열한 고민의 과정을 직접 들어본다.

이슈 과거 지식인의 문제의식은 곧 현재의 이슈. 과거의 지식이 현재의 문제를 해결하는 데 어떻게 적용될 수 있는지 살펴본다.

이 시리즈에서 저자들이 펼쳐놓은 지식의 지형도는 대략적일 뿐이다. 〈지식인마을〉에서 위대한 지식인들을 만나, 그들과 대화하고, 오늘의 이슈에 대해 토론하며 새로운 지식의 지형도를 그려나가기를 바란다.

지식인마을 책임기획 장대익
서울대학교 자유전공학부 교수

Contents 이 책의 내용

Prologue 1 지식여행을 떠나며 · 4
Prologue 2 이 책을 읽기 전에 · 6

Chapter 1 초대
고대 자연철학에서 현대 과학기술을 엿보다 · 11

Chapter 2 만남

1. 과학 역사의 시작, 그리스 자연철학 · 28
   자연철학, 그리스에서 태어나다 | 최초의 자연철학자들
   우주의 변화를 말하다 | 근본적 변화와 감각적 변화
   자연철학에서 과학으로 가는 길에 만난 장애물

2. 플라톤이 그려낸 깔끔한 우주 · 40
   플라톤과 아카데메이아 | 이데아 세상의 과학, 기하학
   추상적 법칙에서 과학 이론으로

3. 잃어버린 아리스토텔레스의 조각 · 50
   플라톤을 넘어 자신만의 철학으로
   네 가지 원인: 질료인·형상인·운동인·목적인
   천상계와 지상계는 다르다 | 양파 껍질 속의 지구
   자연스런 운동: 자신의 자리로 돌아가라 | 왜 사냐건 '텔로스'라 하지요
   아리스토텔레스의 덕목

4. 자연철학의 보물창고, 이슬람 과학 · 85
   아리스토텔레스의 후예들 | '이교도의 철학' 길들이기 | 이슬람, 일어서다
   학자들의 새로운 터전 | 그리스 철학에 눈을 돌린 무슬림 학자들
   이슬람 과학의 눈부신 발전

5. '바로 그 주해자', 이븐 루시드 · 115
아리스토텔레스 자연철학과의 인연 | 철학자 이븐 루시드
천문학자 이븐 루시드 | 의사 이븐 루시드 | 보수 신학자들의 박해

6. 유럽을 뒤흔든 아베로에스주의 · 139
아리스토텔레스의 책을 찾아서 | 번역의 홍수
'아베로에스주의'와 가톨릭 교회의 갈등
과학적 사고, 인류 공동의 유산

Chapter 3 대화

원, 원, 이거야 원…… · 154

Chapter 4 이슈

'그리스 문명'은 그리스인들만의 것인가? · 174
'중심(Center)'과 '주변(Periphery)'의 문제 · 179
중세 유럽은 정말 '암흑기'였나? · 183

Epilogue 1 지식인 지도 · 188   2 지식인 연보 · 190
3 키워드 해설 · 192   4 참고문헌 · 195
5 찾아보기 · 198

Aristoteles

만남 | 대화 | 이슈

초대
INVITATION

Ibn Rushd

초대

고대 자연철학에서 현대 과학기술을 엿보다

그의 사상을 따르는 이들을 파문하라!

1277년 프랑스 파리의 주교 에티엔 탕피에 Etienne Tempier, ?~1279는 교황 요한 21세 Johannes XXI, 재위 1276~1277의 명을 받들어 "총 219조의 위험한 철학적 명제들을 가르치거나 토론할 것을 금지한다"는 포고문을 발표했다. 이들 명제는 주로 파리 대학의 철학 교수들이 토론 수업에서 사용한 것들이었는데, 예를 들면 "신학적인 논의는 우화에 바탕을 둔 것이다"(제152조)라든가 "절대적으로 불가능한 것은 신이나 다른 어떤 원인에 의해서도 이루어질 수 없다"(제147조) 따위의 것들이었다. 무슨 소리인지 느낌도 잘 오지 않는 이런 철학적 명제들이, 왜 그것을 논한 사람을 파문시켜야 할 정도로 위험한 것으로 여겨졌을까?

13세기 유럽의 대학에서는 철학자와 신학자들이 물러설 수 없는 한판 승부를 벌이고 있었다. 철학자들은 인간과 자연 세계의 이치에 대한 신학자들의 설명이 더 이상은 받아들일 수 없을 정도로 억지스러운 것이라고 생각하게 되었고, 신학자들을 대신하여 자신들이 인간과 자연 세계에 대해 합리적으로 납득할 수 있는 설명을 내놓아야 한다고 주장하기 시작했다. 반면 1천 년 가까이 절대적인 권위를 누려왔던 신학자들은 '신학의 시녀'로서 보호해주고 길러왔던 철학이 신학에 반기를 드는 상황을 용납할 수 없었다. 신학자들이 보기에, 철학자들은 신에 대한 믿음이 충분하다면 누구나 납득하고 넘어갈 수 있는 당연한 일들조차도 그냥 넘어가는 법 없이 꼬투리를 잡는 의심꾼에 불과했다. 철학자들은 "하느님이 하늘과 땅을 갈라낸 후 해와 달과 별을 만드셨다"는 말이 성서에 엄연히 나와 있었음에도 불구하고, "만일 태양이 지구 주위를 도는 것이 아니라 지구가 태양 주위를 돈다면 무슨 일이 일어날까?"와 같은 질문 던지기를 즐겼다. 또한 철학자들은 예수가 제자들과 함께 한 최후의 만찬에서 "이 빵은 나의 몸이니라"고 말한 것을 익히 알고 있으며, 미사 때마다 밀떡이 '그리스도의 몸'으로 변한다는 것을 믿는다고 고백하고 있음에도 불구하고, "밀가루로 만든 떡이 어떻게 사제의 축성과 동시에 '그리스도의 몸'으로 변할 수 있는 것일까?"라는 불경한 의문을 던지고 그에 대해 토론하곤 했다. 신학자들이 보기에 이것은 지적 방종이었고, 신앙심을 보좌할 수 있도록 신이 인간에게 내려준 지적 능력을 헛되이 남용하는 일이었다.

더욱이 철학자들이 대학 강단에서 이런 주장을 학생들에게 가르친다면, 그들에게 교육을 받은 학생들은 어떤 인간으로 자라날 것인가? "신학적인 논의는 우화에 바탕을 둔 것이다"(제152조)라

는 명제는 사실상 자연 현상에 대해 신학자들은 아무것도 모른다는 비웃음과도 다를 바 없었다. "절대적으로 불가능한 것은 신이나 다른 어떤 원인에 의해서도 이루어질 수 없다"(제147조)는 주장은, 신의 전능함을 부정하는 불경하기 짝이 없는 것이었다. 이러한 철학자의 주장을 받아들인다면 천지창조도, 최후의 심판과 부활도, 기적도 모두 일어날 수 없는 것이다. 신이 자연법칙으로 설명될 수 있는 일만 행할 수 있고, 인간이 합리적으로 이해할 수 있는 과정을 통해서만 인간과 자연 세계에 개입할 수 있다면, 신은 대체 무엇이 위대하단 말인가? 신의 전지전능함을 부정하는 철학자들의 이러한 주장을 신학자들은 용납할 수 없었다. 탕피에 주교는 이와 같은 철학자들의 단골 명제를 논쟁거리로 삼는 자는 즉시 파문한다는 엄중한 경고를 내렸고, 그 뒤로 대학의 합리주의적 성향은 상당 기간 고개를 들지 못했다.

'바로 그 철학자' 그리고 '바로 그 주해자'

기독교의 권위가 절대적이었던 중세에, 누가 어떻게 이처럼 강한 합리주의적 주장을 생각해낼 수 있었을까? 사실 이와 같은 합리주의적 조류는 기독교 유럽 세계 안에서부터 생겨난 것은 아니었다. 인간과 자연 세계에 대해 될 수 있는 한 합리적인 설명을 추구했던 유럽의 철학자들은 11~12세기 무렵이 되자 기독교 신학의 가르침만으로는 만족할 수 없게 되었다. 이때 이들의 목마름을 축여준 것은 다름 아닌 이슬람 세계로부터 들어온 철학과 과학 책들이었다. 한편으로는 지중해 무역을 통해서, 다른 한편으로는 이베리아 반도 일대의 무슬림 나라들로부터, 헤아릴 수 없을 만큼 많은 책들이 유럽으로 쏟아져 들어왔다. 그 가운데는 유럽의 학자들이 이름만 들어왔을 뿐 실제로는 구경도 하지 못했던 아리스토텔레스$^{Aristoteles,\ BC\ 384~322}$의 귀중한 원고들도 있었다. 그리고 이슬람 세계를 통해 들여온 아리스토텔레스의 거의 모든 저작에는 이븐 루시드$^{Ibn\ Rushd,\ 1126~1198}$, 라틴어로는 아베로에스^{Averroes}라고 불리는 무슬림 학자의 꼼꼼한 주석과 해설이 달려 있었다.

'주석^{註釋}'이나 '주해^{註解}'라고 하면 오늘날에는 대단치 않은 것으로 생각하기 쉽다. 하지만 근대 이전에는 주석이란 단순히 본문의 뜻을 풀어 설명하는 것에 그치지 않고, 그 자체가 하나의 창작 수단으로 쓰이기도 했다. 동아시아의 예를 들어 설명해보자. 유학의 기본으로 일컫는 '사서^{四書}'란 《논어》, 《맹자》, 《대학》, 《중용》을 말하는데, 사서의 본문이 완성된 것은 춘추전국시대의 일이지만 그것이 유학의 핵심 경전으로 떠받들어지게 된 것은 2천 년

뒤바뀐 무슬림 학자들의 이름

당시 기독교도들 사이에는 아랍어를 아는 사람이 거의 없었기 때문에, 많은 무슬림 학자들의 이름이 유럽 사람들이 부르기 쉬운 대로 잘못 전해졌다. 예컨대 이븐 시나(Ibn Sina)는 아비센나로, 이븐 루시드(Ibn Rushd)는 아베로에스(Averroes)로, 알라지(al-Razi)는 라제스(Rhazes)로 각각 유럽에 소개되면서 이름이 바뀌어 불렸다. 참고로 무슬림들의 이름에 자주 나오는 '이븐(ibn)'이란 '아무개의 아들'이라는 뜻이다.

가까이 지난 송宋나라 때부터의 일이다. 사서의 위상이 높아진 것은 다름 아닌 성리학性理學의 완성자로 불리는 주희朱熹의 주석 때문이다. 주희는 자기 이름으로 새 책을 쓰는 대신 사서에 주석을 다는 방식으로 자신의 학설을 설파했다. 주희를 비롯하여 전통시대 동아시아의 지식인들은, 진리의 요체는 옛 성인들이 지은 책에 모두 담겨 있으므로 구태여 새로 책을 쓸 필요가 없다고 생각하였기 때문이다. 하지만 주희가 주석을 달아놓고 나자 사서는 사실상 '주희의 책'이나 다름없게 되었다. 주희 이후 사서를 읽는 사람은 공자나 맹자의 목소리를 그대로 듣는 것이 아니라, 주희의 길잡이를 통해 공자나 맹자를 만나게 되었기 때문이다. 주희라는 체를 통해 걸러진 사서는 사뭇 다른 책으로 바뀌었다. 주희 이전의 유학이 예禮로써 인간 사회의 질서를 유지하는 데 치중했다면, 주희는 사서를 인간의 본성과 마음 같은 철학적인 문제를 다루는 책으로 읽고자 했다. 오늘날에도 주희가 정리한 《사서집주四書集註》를 읽는 우리는 공자와 맹자의 사상이라기보다는 사실상 주희의 사상을 읽고 있는 것이다.

근대 이전의 서양에서도 사정은 크게 다르지 않았다. 자기 주장을 펼치기 위해 누구나 자기 이름으로 책을 펴내기 시작한 것은 근대로 접어든 뒤의 일이다. 그 전까지는 옛 대가들의 책에 주석을 달면서, 특정한 구절을 어떻게 해석할지에 대해 자기 의견을 내놓음으로써 자신의 사상을 내비치는 것이 보통이었다. 따라서 이븐 루시드는 단순히 아리스토텔레스의 주장을 풀어 설명한 것이 아니라, 아리스토텔레스의 권위를 빌려 자신의 사상을 펼쳤다. 이븐 루시드가 추구했던 것은 신앙심이 이성을 압도하지 않고, 인간의 마음 안에서 두 가지가 균형을 이루는 것이었다. 따라서 이븐 루시드는 무슬림 철학자들에게 이성의 중요성을 깨닫게 하고 이성을 올바르게 쓰는 법을 알려주기 위해 아리스토텔레스의 글을 이용했다. 특히 그는 당시 많은 학자들이 신비주의의 입장에서 아리스토텔레스를 읽는 것에 반대하고, 아리스토텔레스가 지닌 합리주의적 성격을 표면에 내세우고자 노력했다. 마치 주희가 사서에 주석을 닮으로써 '경세經世'의 학문이었던 유학을 인간의 마음과 자연의 이치를 따지는 학문으로 변모시킨 것처럼, 이븐 루시드는 아리스토텔레스의 책에 주석을 닮으로써 이슬람 신앙과 그리스 철학의 융합을 추구했던 것이다.

이븐 루시드의 주해가 달린 아리스토텔레스의 책들이 유럽에 전해지자 유럽의 철학자들은 큰 충격에 휩싸였다. 그들은 이븐 루시드의 주해를 읽기 전까지는 아리스토텔레스를 그저 훌륭한 논리학자 정도로만 알고 있었다. 이븐 루시드는 주해에서 아리스토텔레스가 기존의 신화적 설명에 만족하지 않고 온갖 자연현상을 합리적으로 설명하기 위해 노력한 인물이었음을 강조했으며, 나아가 진리를 얻기 위해서는 옛사람들의 말을 덮어놓고 따를 것이 아니라 스스로 이성을 동원하여 생각해보아야 한다고 주장했다. 유럽의 철학자들은 이제 아리스토텔레스의 가르침(사실은 아리스토텔레스를 등에 업은 이븐 루시드의 가르침)을 따라 자연에 대한 합리적인 설명을 추구하기 시작했다. 아리스토텔레스가 터를 닦고 이븐 루시드가 기초를 세운 인간과 자연에 대한 합리주의적인 설명은, 기존의 진부한 종교적 설명에 염증을 느끼던 유럽의 철학자들에게 새로운 날개를 달아주었다. 대학의 철학자들은 아리스토텔레스를 '바로 그 철학자the Philosopher'로, 이븐 루시드를 '바로 그 주해자the Commentator'로 높여 부르며 자신들의 스승으로 여겼다. 13세기 유럽 철학자들의 가장 큰 스승은 기독교 신학자가 아니라 두 사람의 '이교도' 철학자였다. 수도원에서, 대학에서, 아리스토텔레스와 이븐 루시드의 책을 밤새워 읽고 그 내용을 토론하는 이들이 넘쳐났다. 아리스토텔레스와 이븐 루시드의 학설이 옳은지 그른지 논쟁하는 것이 중세 서양 과학의 전부였다고 해도 지나친 말이 아닐 지경이었다. 이윽고 '아베로에스'의 학설을 따르는 이들은 '아베로에스주의자Averroist'로 불리게 되었고, 유럽의 대학 강단을 가득 메우게 되었다. 1277년의 금지령은 따지고 보면 정통 기독교 신학과 아베로에스주의 사이의 힘겨루기였다. 교회의 힘을 넘어설 수 없었던 철학은 결국 자신의 주장을 일부 접게 되었고, 아베로에스주의보다 온건한 토미즘(토마스 아퀴나스의 사상)이 교회의 공인을 받게 되었다. 이후 중세 유럽의 학문 체계는 기독교 신학과 그리스 철학을 융화시킨 '스콜라 철학'이라는 주춧돌 위에 우뚝 서게 되었다. 비록 한결 누그러진 형태이기는 했지만, 아리스토텔레스와 이븐 루시드를 거쳐 꽃피운 합리주의 철학은 중세 유럽 학문의 정상에 오르게 된 것이다.

만신창이가 된 아리스토텔레스와 이븐 루시드

그런데 16세기가 되면서 스콜라 철학의 권위가 여기저기서 심각하게 도전받기 시작했다. 한때 기독교의 성인들과 함께 추앙받았던 고대 그리스의 철학자들과 사상가들은 이제 신세대 학자들의 매서운 비판을 받는 처지가 되었다. 산이 깊으면 골도 깊다는 말처럼, 가장 많은 이들이 연구하고 가장 많은 이들이 우러러보았던 철학자일수록 가장 호된 비판의 대상이 되었다. 비판의 도마 위에 가장 자주 오른 이는 '바로 그 철학자', 즉 '철학자의 대명사'라고 불렸던 아리스토텔레스였다.

  15~16세기는 유럽이 1천여 년의 은둔 생활을 끝내고 세계로 뻗어 나가기 시작한 시기였다. 유럽인들은 아시아, 아프리카는 물론 지구 반대편 아메리카 대륙까지 배를 타고 나갔다. 그곳으로부터 갖가지 새로운 소식과 함께, 한 번도 보지 못했던 신기한 동식물들이 전해져 왔다. 사람들은 새로 알게 된 사실들을 옛 현인들의 가르침과 열심히 비교했으며, 옛 현인들의 가르침 가운데 잘못된 것이 적지 않음을 알아냈다. 아리스토텔레스는 1백여 년 전까지만 해도 하늘과 땅 사이의 모든 것을 아우르는 포괄적이고도 꼼꼼한 자연철학을 완성한 이로 받들어졌지만, 이제는 정확하지도 않은 설명을 여기저기 남발하고 다닌 사람으로 그 격이 내려가버렸다. 심지어 어떤 이들은 대학이 자신의 권위를 내세워 아리스토텔레스의 그릇된 이론을 싸고돌며 새로운 이론을 억누르는 바람에 학문의 발전이 더뎌졌다고 주장하기도 했다. 그러나 불과 250년 전만 거슬러 올라가도 상황은 사뭇 달랐다. 앞서 보았듯 아리스토텔레스의 사상은 새로운 학문을 억압하는 권위로 군림했던 것이 아니라, 오히려 권위에 도전하는 이들의 가장 강력한 후원자였다. 비록 중세 막바지에는 아리스토텔레스와 이븐 루시드의 주장 가운데 상당수가 교회에 의해 금지당하지만, 이미

합리주의의 세계를 엿본 유럽의 철학자와 지식인들은 거기에서 주저앉지 않았다. 이들의 지적 욕구는 결국 15세기 '르네상스'를 꽃피웠고, 17세기에는 '과학혁명'을 낳았다.

그리고 유럽의 지식인들은 아리스토텔레스와 이븐 루시드를 비롯한 많은 '이교도' 철학자와 사상가들에게 그들이 진 빚을 잊지 않았다. 단테는 《신곡》의 '지옥편'에서, 많은 고대의 위인들이 훌륭한 업적을 남겼지만 기독교의 세례를 받지 않았기 때문에 천국으로 올라가지 못한 채 '림보'라고 불리는 지옥의 첫 번째 층에서 현세와 같은 나날을 보내고 있다고 소개하고 있다. 이들은 호메로스와 같은 시인, 카이사르와 같은 정치가, 그리고 소크라테스, 플라톤, 아리스토텔레스와 같은 철학자들인데, 이븐 루시드와 이븐 시나$^{Ibn\ Sina,\ 980\sim1037}$는 무슬림이었음에도 그들과 자리를 나란히 하고 있는 것으로 묘사된다. 이븐 루시드와 이븐 시나 같은 이들은 그 종교의 같고 다름에 앞서 이미 유럽 지식인들의 스승으로 자리를 굳혔던 것이다.

뒤에 올 사람들을 위해 어깨를 내어준 거인들

하지만 우리에게 이븐 루시드라는 이름은 낯설기 그지없다. 심지어 아리스토텔레스도 대부분 '알렉산드로스 대왕의 스승이었던 철학자'로 기억하고 있을 뿐, 과학자로 기억하는 사람은 많지 않다. 이들이 남긴 과학 이론이나 과학적 설명 가운데 오늘날까지 살아남아 쓰이고 있는 것은 하나도 없기 때문이다. 17세기, 뒷날

'과학혁명'으로 불리게 된 일련의 발명과 발견들은 과학의 모습을 송두리째 뒤바꾸어놓았다. 이제 지구는 우주의 중심에서 밀려나 크디큰 태양의 주위를 도는 작은 바위 덩어리가 되었다. 인간은 대자연과 하나로 연결되어 있는 소우주가 아니라, 각자 외따로 움직이는 기계와도 같은 존재로 파악되었다. 관찰과 추론을 통해 자연에 대한 지식을 얻을 수 있다는 생각 대신, 자연에 손을 대고 조작하여 인간이 원하는 결과를 얻어내는 것이 더욱 중요하다는 사고방식이 높이 평가되었다. 16세기까지도 영향력을 잃지 않았던 아리스토텔레스의 자연관은 빠른 속도로 잊혀져갔다.

그렇다면 이들은 모두 흘러가버린 과거의 인물이 아닌가? 그런데 왜 우리는 21세기에 아리스토텔레스나 이븐 루시드라는 사람에 대해 알아야 하는가? 하루가 다르게 과학이 발전해가는 21세기에, 이렇게 '흘러간' 과학의 내용을 알아야 할 필요가 있을까? 일부러 아리스토텔레스나 이븐 루시드의 이론처럼 생각해 볼 필요가 있을까?

과학은 공식이나 법칙만으로 이루어지는 것이 아니다. 과학에서 가장 중요한 것은 그 내용보다도 오히려 그 형식, 즉 '과학적으로 생각하는 것'이다. 과학적으로 생각하는 방식을 알지 못하면 아무리 많은 공식이나 법칙을 외우고 있어도 소용이 없다. 그런 면에서 아리스토텔레스나 이븐 루시드는 '과학적으로 생각하는 것'이 어떤 것인지 가장 잘 보여줄 수 있는 사람들이다. 이들이 살았던 시절에는 오늘날처럼 과학 정보가 널리 유통되지도 않았고, 알려진 것의 양도 보잘것없었다. 하지만 이들은 자기가 갖고 있는 자원을 최대한 동원하고, 거기에 자신의 합리적 추론을

더해, 이 세상과 우주에 대해 놀랄 만큼 그럴듯한 이론을 만들어 냈다. 아리스토텔레스는 고대 그리스에서 꽃피운 합리적인 자연관을 집대성하였다. 그리고 이븐 루시드는 아리스토텔레스의 방대한 저작에 꼼꼼한 주석을 달아 후대의 사람들이 읽기 쉽게 했으며, 아리스토텔레스의 자연관을 더욱 합리주의적으로 다듬어 후대에 전해주었다. 만약 이들이 오늘날처럼 정보가 풍부한 시대에 살았다면, 훨씬 더 훌륭한 학설을 내놓았으리라는 점은 의심의 여지가 없다. 따라서 이들의 입장에서 문제를 생각해보며 '흘러간' 과학의 논리를 따라가다 보면, 어느덧 어떻게 생각하는 것이 진정한 과학적 사고인지도 생각할 수 있게 될 것이다.

어제 몰랐던 것을 오늘 알게 되었다고 해서, 어제까지 알고 있었던 것이 쓸모가 없어지는 것은 아니다. 오늘날 우리가 누리고 있는 과학기술 문명은 하루아침에 이룩된 것이 아니라 수천 년 동안의 시행착오와 개선을 딛고 세워진 것이다. 앞 세대가 남긴 유산의 허점을 지적하고 그것을 개선하기는 쉬워 보이지만, 그 허점투성이 유산이 없었다면 뒤 세대가 빈손으로 새것을 만들어내기란 훨씬 어려운 일이 될 것이다. 이 점은 중세 유럽의 철학자들도 이미 알고 있었다. 뉴턴은 이런 깨달음을 "내가 옛사람들보다 더 멀리 내다볼 수 있는 것은 거인의 어깨 위에 올라서 있기 때문이다"라는 경구로 표현했다. 세월이 흐르고 나서 돌아보면, 자신이 어깨를 딛고 올랐던 옛사람들보다 자기가 더 큰 존재가 되어 있음을 깨닫게 될지도 모른다. 하지만 자신이 그렇게 성장할 수 있었던 것 또한 처음에 옛사람의 어깨를 딛고 올랐기 때문이라는 점을 잊어선 안 된다.

아리스토텔레스와 이븐 루시드는 근대적인 합리주의가 뿌리내리기 훨씬 전에, 인간과 자연에 대해 신비주의적인 설명을 거부하고 될 수 있는 대로 합리적인 설명을 만들어내고자 노력했다. 이들은 그 과정에서 때로는 자신이 속한 시대의 가치와 부딪치기도 했고 박해를 받기도 했지만, 논쟁을 두려워하지 않고 자신의 생각을 이끌어나갔다. 이들의 저작이 후대로 전해진 덕에 중세 유럽의 학자들은 이성의 가치에 대해 새로이 알게 되었고, 이들의 이론에 대해 토론하고 미흡한 부분을 고쳐나가는 과정에서 근대 과학이 움텄다. 비록 오늘날에는 아무도 아리스토텔레스나 이븐 루시드의 과학 이론을 현실에 적용하지는 않지만, 이들이 추구한 합리적인 사고방식은 오늘날 과학자들이 과학 연구에 이용하는 사고방식과 비교해보아도 크게 다르지 않다. 이들이 만들어낸 지식의 '내용'은 이미 오래된 것이지만 이들이 지식을 얻었던 '방법'으로 따져본다면 이들은 오늘날 활동하는 어떤 이들 못지않게 훌륭한 과학자였다고 할 수 있다.

이제 '비록 전지전능한 신이 있다고 해도, 신도 자연법칙을 따라야 한다'는 대담한 생각 아래 합리주의의 길을 개척했던 이들과 만나보자. 우선 지금으로부터 약 2,300여 년 전, 인간과 자연계에서 일어나는 모든 일의 '원인'을 찾고자 평생을 노력했던 아리스토텔레스의 이야기를 해보자.

이제부터 1천여 년에 걸쳐 여러 사람의 철학자·과학자들을 만나게 된다. 다들 낯선 이름들이고, 그들이 쓰는 용어도 오늘날과는 많이 달라서 자칫하면 글의 요지를 놓치고 헤매기 쉽다. 그러니 다음과 같은 질문들을 마음에 담아두고, "이야기가 어디로 흘러가는 거지?"라는 생각이 들 때마다 한 번씩 되짚어보도록 하자.

◉ 고대 그리스의 자연철학은 어떤 점에서 특별한가?

고대 그리스 문명은 가장 일찍 나타난 인류 문명도 아니었고, 동시대의 다른 문명과 비교하여 가장 번성한 문명도 아니었다. 그러나 대부분의 역사가들은 서양의 정신적 뿌리로 그리스를 꼽는 데 주저하지 않는다. 특히 과학의 역사는 대부분 그리스로부터 쓰이고 있다. 그리스에는 대체 어떤 특별한 것이 있었을까?

◉ 플라톤은 왜 과학 분야 중에서 유독 기하학만 좋아했을까?

우리에게 철학자로 잘 알려진 플라톤은 사실 과학의 역사에서도 중요한 역할을 했다. 플라톤의 자연에 대한 학설은 어떤 특징이 있었고, 그것은 뒷날 과학 발전에 어떤 영향을 끼쳤을까? 그리고 그가 아카데메이아의 정문에 "기하학을 모르는 자는 이 문을 들어서지 말라"고 써 붙일 정도로 기하학을 특히 중요하게 여겼던 까닭은 무엇이었을까?

◉ 아리스토텔레스가 1천 년이 넘도록 가장 존경받는 자연철학자로 남아 있을 수 있던 까닭은 무엇일까?

아리스토텔레스의 학설 가운데는 정확하지 않은 것도 많고, 오늘날 현대인의 눈으로 보면 어이없어 보이는 주장도 적지 않다. 그러나 아리스토텔레스의 주장은 1천여 년 동안 서양에서 절대적인 권위를 인정받았다. 그 까닭은 무엇일까? 중세 서양의 학자들이 오늘날의 어린아이들보다도 어리석었기 때문에 그렇게 생각했던 것일까? 그렇지 않다면, 그들이 아리스토텔레스의 말을 신뢰할 수밖에 없었던 어떤 요소가 아리스토텔레스의 사상 안에 담겨 있었던 것일까?

◐ 이슬람 과학은 세계 과학사에서 어떤 역할을 했을까?

"이슬람에도 과학이 있었나?" 많은 독자들은 이 질문을 보고 도리어 이런 생각을 했을 것이다. 하지만 이슬람 과학이 아니었더라면 중세 대학의 발전도, 과학혁명도 일어나지 않았을지도 모른다. 아니 언젠가는 일어났겠지만 한참 늦어졌을 것이다. 9세기부터 13세기에 걸쳐 아시아, 아프리카, 유럽 세 개의 대륙에 걸쳐 펼쳐졌던 이슬람 세계에서는 무슨 일이 벌어졌던 것일까?

◐ 이슬람 세계에서 과학의 발전이 계속 이루어지지 않은 것이 종교 때문이라고 할 수 있을까?

번성했던 이슬람 과학은 13세기 이후에는 두드러진 발전을 보이지 않는다. 어떤 이들은 이것이 종교와 과학 사이의 갈등 때문이라고 주장하기도 한다. 하지만 과연 그런 설명으로 충분할까? 종교와 과학은 절대 양립할 수 없는 것일까? 종교가 번성한 나라에서 과학은 발전할 수 없을까? 유럽에서 종교개혁의 소용돌이가 몰아칠 무렵 과학혁명이 일어난 것은 어떻게 설명할 수 있을까? 복음주의 기독교가 위세를 떨친 1920~1930년대 미국의 과학이 세계 최고 수준이 된 것은 어떻게 설명할 수 있을까? 종교와 과학의 관계에 대해 우리가 가지고 있었던 생각이 혹 지나치게 성급한 선입견은 아니었을까?

Aristoteles

Chapter 2

😊 **만남**
MEETING

Ibn Rushd

만남 1

과학 역사의 시작, 그리스 자연철학

자연철학, 그리스에서 태어나다

'과학의 역사'를 쓴다면 어디서부터 시작해야 할까? 가장 먼저 해결해야 할 문제는 '과학'이라는 낱말을 얼마나 넓게 또는 좁게 정의하느냐 하는 것이다. 우리가 '과학'이라는 말을 '물리학, 화학, 생물학 등 오늘날 과학자들이 하는 것과 같은 종류의 활동'이라고 좁게 정의한다면, 과학의 역사는 16~17세기 서유럽에서 시작한 것으로 쓸 수밖에 없다. 하지만 과학을 '인간이 자신을 둘러싼 주변 환경을 이해하고 설명하며, 나아가 이용하기 위해 구축한 이론과 실천의 체계'라고 폭넓게 정의할 수도 있다. 그러면 과학의 역사는 인류 문명의 역사와 나란히 하게 된다.

'세계 4대 문명'이라고 흔히들 일컫는 중국(황허 강 유역), 이집트(나일 강 유역), 메소포타미아(티그리스, 유프라테스 강 유역), 인도(인더스 강 유역) 등의 고대 문명은 기원전 수천 년 무렵부터 수준 높은 문명을 이룩했다. 이들 문명은 오늘날에도 재현이 쉽지 않을 만큼 장대하고 정교한 건축물을 세웠고, 정확한 달력을 만들었으며 갖가지 도구를 이용해 풍요로운 삶을 누렸다. 이는 숫자와 도형, 힘과 운동, 물질의 성질, 천체의 운행 등에 대해 자세히 알지 못하고서는 불가능한 일이었다. 따라서 넓은 의미의 과학사를 논한다면 이들 고대 문명이 자연에 대해 어떤 것들을 밝혀내고 그것을 어떻게 생활에 이용했는지 다루어야 할 것이다.

그런데 우리가 주변에서 구할 수 있는 과학의 역사를 다룬 책들은 대부분 BC 700년 무렵의 고대 그리스에서부터 이야기를 시작하고 있다. 어째서일까? 그것은 고대 그리스 사람들의 자연에 대한 생각이 앞선 문명에서는 찾아볼 수 없었던 독특한 것이었기 때문이다.

오늘날 우리가 그리스라고 부르는 지역에 사람들이 정착하여 문명을 건설한 것은 대략 BC 2000년을 전후하여 일어난 일이다. 그리스 사람들은 멀리는 이집트와 메소포타미아 지방의 여러 왕국들, 가까이는 미케네와 미노아 등으로부터 앞선 문물을 받아들여 자신들의 고유한 문명을 건설하기 시작했다. 이들이 앞선 문명으로부터 배워 온 지식은 금속이나 도기와 같은 도구를 만드는 기술, 병든 사람을 치료하는 의술, 수를 세고 계산하는 방법, 천체를 관측하여 한 달과 한 해의 길이를 재고 달력을 만드는 방법 등 여러 분야에 걸쳐 있었다. 다시 말해 고대 그리스 문명의 초창기에 그리스는 이집트나 메소포타미아에서 과학적 지식을 배우는 학생의 입장이었다.

그런데 BC 7세기 무렵이 되면서 그리스는 전제 왕권이 약해져

땅을 소유한 귀족들을 중심으로 조그만 도시국가를 이루게 되었다. 이를 폴리스^{polis}라고 불렀으며, 그 안에서는 시민들의 투표로 중요한 일을 결정하는 새로운 정치 체제가 만들어졌다(이는 뒷날 민주주의의 시초로 떠받들어지게 된다). 이와 발맞추어 그리스 사람들은 주변 지역에서 배워 온 것을 사용하는 단계를 뛰어넘어 자신들만의 색깔을 입힌 새로운 문명을 건설하기 시작했다.

이 시기의 새로운 사고방식 중 가장 눈여겨볼 만한 것은, 자연현상을 설명할 때 신과 같은 초자연적인 원인을 배제하려는 움직임이다. 예를 들어 오늘날의 터키와 그리스가 맞닿아 있는 곳에서 활동했던 철학자 탈레스$^{Thales,\ BC\ 624?~546?}$는 지진의 원인을 생각한 끝에 "육지는 커다란 바다 위에 떠 있는데, 땅 아래의 바닷물이 출렁이게 되면 그 충격이 전해져 지진이 일어난다"는 주장을 내세웠다. 탈레스의 설명은 오늘날의 우리 눈에는 "바다의 신 포세이돈이 화를 내면 지진이 일어난다"는 주장이나 별반 다를 바 없는 것으로 비칠 수도 있다. 그러나 두 주장 사이에는 아주 중요한 차이점이 있다. 신화적 자연관으로는 이미 일어난 개별적인 사건을 설명할 수는 있지만 앞으로 어떤 일이 일어날지는 예측할 수 없다. "작년에 일어났던 그 지진은 포세이돈을 위한 제사가 소홀했기 때문이다"라는 식의 설명은 가능하지만 올해, 또는 내년에 언제 어떻게 지진이 일어날 것인지 예측할 수 있는 근거는 전혀 없다는 뜻이다. 이런 것을 예측하려면 지진에 대한 보편적인 학설을 세워야 한다. 그리고 보편적 학설을 세우려면 '신의 분노'와 같은 우연적인 요인이 아니라, 인간의 합리적 사고를 통해 파악할 수 있는 요인을 찾아내야 했다. 탈레스를 비롯해 자연 현상에 관심을 가진 그리스의 철학자들은 이처럼 초자연적 요인을 배제하고 가능한 한 합리적으로 자연을 설명하고자 노력했다. 이런 점에서 이들의 자세는 오늘날 과학자가 자연을 탐구하는 자세와 비슷하다.

하지만 합리적인 태도를 가지고 가설을 세운다고 모두 과학적 설명이 되는 것은 아니다. 과학적 설명은 우선 논리적으로 아귀가 맞아야 하고, 나아가 현실 세계에서 일어나는 일들과 맞아떨어져야 한다. 이런 요건에 맞도록 학설을 다듬어나가려면 하나의 주제에 대해 비슷한 생각을 가지고 토론할 수 있는 자리가 필요하다. 토론과 비평을 거치면서 이론이 더욱 정교한 형태로 다듬어지기 때문이다. 그리스는 조그만 도시국가들로 쪼개져 있어서 이집트나 메소포타미아 지방과 같은 강력한 군주가 없었다. 종교적으로도 누구나 승복해야 할 절대적인 권위를 지닌 지도자 계층이 형성되지 않았다. 그러다 보니 그리스의 시민들은 광장 같은 곳에 모여 이런저런 주제로 토론하는 것을 즐겼다. 권위에 얽매이지 않고 오로지 누구의 주장이 더 이치에 맞는지 여러 사람 앞에서 논쟁을 통해 겨루는 일이 그리스 문화의 일부가 되었다. 철학자들은 거듭되는 논쟁과 비평을 주고받는 가운데, 앞 세대의 업적 가운데 옳지 않다고 생각하는 부분을 버리거나 고치고, 뛰어난 부분은 이어받아 한층 다듬어나갔다. 그 결과, 이론의 '경쟁'과 '진보'가 가능해졌다. 신화적 설명은 한번 만들어놓으면 몇백 년이고 그대로 되풀이되며, 또 하나의 사물이나 현상의 기원에 대해 여러 가지 신화적 설명이 있어도(심지어 그 가운데 서로 모순되는 것들이 있어도) 큰 문제가 되지 않는다. 반면 하나의

사물이나 현상에 대한 '가장 이치에 닿는 설명'은 하나밖에 있을 수 없다. 합리적 설명의 세계에서는 논쟁을 거쳐 가장 조리 있다고 인정받는 것들이 살아남기 때문에, 뒤 세대의 학설이 앞 세대의 것보다 더 나아지는 것이 보통이다. 이와 같은 토론과 비판의 전통이 바로 그리스 자연철학의 또 하나의 중요한 특색이다.

최초의 자연철학자들

이와 같은 그리스 자연철학의 특색을 가장 일찍이 보여준 이가 앞서 소개한 바 있는 밀레토스^{Miletos} 출신의 학자 탈레스다. 그는 하늘의 별을 보다가 발 아래의 웅덩이를 보지 못해 물에 빠졌다는 이야기로 유명하다. 이 이야기가 참인지 거짓인지는 알 수 없지만, 다른 한편 올리브 풍년이 들 것을 내다보고 올리브 짜는 기계를 사재기하여 많은 돈을 벌었다는 이야기도 있는 것으로 보아 재주가 많은 사람이었던 모양이다. 하여간 탈레스는 '우리가 살고 있는 이 세계는 무엇으로 어떻게 이루어져 있는가?'라는 문제에 골몰하였고, '이 세계는 물로부터 비롯되었다'는 결론을 이끌어냈다. 왜 그가 하필 물을 선택했는지에 대해서는 여러 가지 추측이 있다. 바다를 무대로 활동하는 항구 도시 출신이었으므로 물에 애착이 많았으리라는 추측도 있고, 이집트에서 나일 강의 범람이 땅을 기름지게 하는 것을 보고 그런 생각을 했을 것이라는 추측도 있다. 그는 우리가 살고 있는 육지는 커다란 바다 위에 떠 있다고 생각했는데, 그 때문인지도 모른다. 어쨌든 그가

"세계는 물로부터 비롯되었다"고 말한 것은 이 세상이 생겨날 때 물이 가장 먼저 있었다는 뜻이지, 세상 만물이 물로 이루어져 있다는 뜻은 아니었다.

탈레스 이후 많은 자연철학자들은 한동안 세계의 기원에 대한 문제에 매달렸다. 그리고 이것을 발전시켜 이 세계가 무엇으로 이루어져 있는지에 대해서도 나름대로 설명하고자 했다. 같은 밀레토스 출신의 아낙시만드로스$^{Anaximandros, BC 610-546}$는 물과 같은 흔한 사물이 우주의 기원이 될 수 있다고는 생각하지 않았다. 그는 '경계를 그을 수 없는 것', 그리스어로는 '아페이론^{apeiron}'이 우주의 씨앗 노릇을 했다고 주장했다. "이 세계가 탄생할 때 아페이론이 분리되어 차고 뜨거운 씨앗이 생겨나고, 여기에서 불로 된 공이 생겨나 대지와 그것을 둘러싼 공기 위를 둘러싸게 되었다"는 것이다. 마치 "태극^{太極}이 갈라져 음^{陰}과 양^{陽}이 생겨나고 거기에서부터 만물이 생겨났다"는 동아시아 문명의 자연철학과도 비슷하게 들리는 설명이다. 아낙시만드로스가 이렇게 추상적인 설명을 시도한 것은, 탈레스의 소박한 설명이 갖고 있는 한계가 뚜렷이 보였으므로 그것을 극복하고자 했기 때문일 것이다. 태초에 물이 있었다면, 우주에 불이 생겨날 수 있었겠는가? 또 아낙시만드로스는 육지가 바다 위에 떠 있다는 탈레스의 주장도 받아들이지 않았다. 바다가 육지를 떠받치고 있다면, 바다는 또 무언가가 떠받치고 있어야 하지 않겠는가? 그래서 그는 "대지는 자유롭게 공중에 뜬 채로, 모든 것으로부터 같은 거리를 유지하도록 머물러 있다"는 대담한 학설을 세웠다. 옥의 티라면 대체 어떻게 그런 일이 가능한지 설명하지 못했다는 점이랄까?

밀레토스 학파의 세 번째 주자는 아낙시메네스^{Anaximenes, BC 585?~525}라는 사람이다. 아낙시메네스는 "세상 만물이 공기로부터 생겨났다"고 주장한 것으로 잘 알려져 있다. 공기야 워낙 흔하디 흔한 물질이다 보니 아낙시메네스의 주장은 언뜻 아낙시만드로스의 주장보다 새롭지 못한 것처럼 보이기도 한다. 하지만 아낙시만드로스가 "아페이론으로부터 우주가 생겨났다"는 이야기를 하는 데 머물렀던 반면, 아낙시메네스는 공기가 모여서 짙어지고 흩어져서 엷어지는 과정을 통해 만물의 생성과 소멸을 설명하고자 했다는 점에서 한발 더 나아갔다고 할 수 있다. 그는 하늘에서 비가 내리는 것은 공기가 농축되면 물이 되는 사례이고, 물이 얼음으로 변하는 것은 물이 다시 농축되면 고체가 되는 사례이며, 끓는 물에서 수증기가 날아가는 것은 물이 흩어져 다시 공기가 되는 사례라고 주장했다. 우주의 기원을 설명하기 위해서 시작된 철학자들의 사색은 비로소 일상생활에서 일어나는 물질의 변화까지 설명할 수 있는 일관된 이론을 추구하는 데 이르렀다. 비록 오늘날의 눈으로 보면 허점투성이인 학설들이지만, 신이나 초자연적인 힘을 끌어다 대면 손쉽게 설명할 수 있는 일들을 오로지 자연적인 원인으로만 설명하려 했다는 점에서 이들의 노력은 가치가 크다.

우주의 변화를 말하다

밀레토스 학파가 불을 당긴 우주의 기원 물질에 대한 논의는 2백 년 가까이 이어지며 계속 발전했다. 그런데 논쟁이 거듭되면서 철학자들은 점점 복잡한 생각을 하게 되었다. 우리의 감각은 정말로 믿을 만한 것인가? '생겨난다'거나 '변화한다'는 것은 실제로 일어나는 일인가, 아니면 단지 우리의 감각이 그렇게 속는 것일 뿐인가? 나아가 무엇이 '생겨난다'거나 어떤 것이 다른 것으로 '변화한다'는 것은 있을 수 있는 일인가?

이런 골치 아픈 문제를 다루는 것을 즐긴 사람 가운데에는 헤라클레이토스^{Herakleitos, BC 540?~480?}와 파르메니데스^{Parmenidēs, BC 515?~445?}가 특히 유명하다. 헤라클레이토스는 "같은 냇물에 두 번 발을 담글 수는 없다"는 말을 남긴 것으로 잘 알려져 있다. 냇물은 계속 흐르고 그것에 발을 담그는 사람도 끊임없이 변화하므로, 한 사람이 냇가에서 발을 여러 번 담근다고 해도 그 각각의 사건은 서로 다르다는 뜻이다. 이처럼 그는 변화가 이 세상의 본질이라고 생각했다. 물론 그가 변하지 않는 것의 존재를 부정한 것은 아니다. 하지만 팽팽하게 당긴 활시위나 악기의 줄처럼, 우리 눈에는 멈추어 있는 것으로 보이는 사물 속에도 실은 변화할 수 있는 잠재력이 도사리고 있다는 것이 헤라클레이토스의 생각이었다. 이와 반대로, 파르메니데스는 우리가 변화라고 느끼는 것은 모두 우리의 잘못된 감각에서 비롯된 거짓 생각이며, '이 세상에 변화란 있을 수 없다'는 극단적인 주장을 내세웠다. 그에게 존재와 무^無는 엄연히 다른 것이었다. 존재하는 것이 그 존재하기를 멈출 수는 없는 노릇이므로, 어떤 사물이 '사라진다'는 것은 우리가 그렇게 생각할 뿐이지 실제로는 일어날 수 없는 일이라는 것이다. 따라서 파르메니데스의 생각으로는 물질이 소멸하는 것

도 불가능하고, 반대로 아무것도 없는 데서 무엇인가 생성되는 것도 불가능하다.

근본적 변화와 감각적 변화

있던 것이 없어지지도 않고 아무것도 없는 데서 뭔가 생겨나지도 않는다? 그렇다면 우리가 보고, 듣고, 느끼는 변화들은 어떻게 일어날 수 있는가? 정말로 그것들은 잘못된 감각에서 비롯된 헛된 생각일 뿐일까? 파르메니데스의 과격한 주장은 이후 자연철학자들의 피해갈 수 없는 관문이 되었다. 이 관문을 비교적 잘 빠져나온 사람이 아낙사고라스$^{Anaxagoras, BC\ 500?~428}$와 엠페도클레스$^{Empedokl\bar{e}s, BC\ 490?~430?}$였다.

엠페도클레스는 이른바 '4원소설'을 주창한 이로 잘 알려져 있다. 그는 우리가 보고 듣고 느끼는 물질들은 사실 네 가지 근본 '원소'가 일정한 비율로 섞여 이루어진 것이라고 주장했으며, 물, 불, 공기, 흙의 네 가지 근본 원소들을 '뿌리'라는 뜻의 '리조마타^{rhizomata}'라고 불렀다. 네 가지 리조마타는 새로 생겨나지도 않고 사라지지도 않는다. 하지만 '사랑'과 '미움'이라는 두 가지 원리에 따라 서로 결합하기도 하고 헤어지기도 한다. 우주가 처음 생겨났을 때에는 네 가지 리조마타가 고루 어우러져 있었는데, 미움의 힘이 차츰 강해지면서 이들이 서로 살라져 나갔고, 이들이 제가끔 정해진 비율로 결합하면서 오늘날의 갖가지 물질들이 생겨났다는 것이 엠페도클레스의 설명이다. 엠페도클레스는 이처럼 근본적인 생성과 소멸은 인정하지 않으면서도, 우리의 감각으로 느끼는 생성과 소멸은 리조마타들의 결합과 분리를 통해 설명하고자 했다. 그 결과 그는 파르메니데스의 지적을 받아들이면서도 이 세상의 변화를 설명해낼 수 있었다.

한편 아낙사고라스는 "모든 것에는 모든 것의 일부분이 들어 있다"는 색다른 주장을 폈다. 그는 사람이 음식을 먹으면 털이 자라고 살이 찌는 것을 보아, 음식 속에 터럭이나 살이 될 수 있는 요소가 이미 들어 있다고 주장했다. 마찬가지로 흙 속에 뿌리를 내린 나무에서 잎이 나고 열매가 맺히는 것을 보아, 흙과 물 속에는 잎사귀나 열매가 될 수 있는 요소가 이미 들어 있다고 생각했다. 다시 말해 우리 눈에 밀알이나 돌멩이처럼 보이는 물질들이라도 그 안에는 이 세상의 모든 물질들이 조금씩 들어 있다는 것이다. 다만 밀알의 요소가 가장 많이 들어 있는 물질은 우리에게 밀알로 보이고, 돌의 요소가 가장 많이 들어 있는 물질은 돌로 보일 뿐이다. 우리가 밀로 빵을 만들어 먹으면 그 안에 숨어 있던 살, 뼈, 피의 요소들이 우리 몸속에 남아 우리를 살찌게 한다는 것이 아낙사고라스의 생각이었다. 아낙사고라스도 엠페도클레스처럼 태초의 우주에는 모든 물질이 뒤섞여 있다고 생각했다. 하지만 엠페도클레스가 네 가지 리조마타가 서로 분리되어 나갔다고 생각했던 반면, 아낙사고라스는 만물이 뒤섞인 조그만 알갱이들이 한데 모여 있다가 우주의 소용돌이에 휘말려 흩어져나갔다고 생각했다.

아낙사고라스의 '조그만 알갱이'라는 생각은 다음 세대의 레우키포스^{Leukippos, BC ?~?}와 데모크리토스^{Dēmokritos, BC 460~370} 등에게 영

● **아토모스**

18세기 영국의 화학자 돌턴(John Dalton)은 '아토모스'라는 이름을 빌려 '원자설(atomism)'을 주창했다. 하지만 돌턴이 생각한 원자(atom)는 엄밀한 물리·화학적 측정과 분석을 통해 구별해낸 것이라는 점에서, 아토모스와는 차이가 있다.

향을 끼쳤다. 이들은 이 세상이 '아토모스 atomos' 즉 '더 이상 나눌 수 없는 알갱이'들과 그 알갱이들이 떠돌아다니는 빈 공간으로 이루어져 있다고 주장했다. 이 때문에 이들은 뒷날 '원자론자'로 불리게 되었다. 아토모스는 셀 수 없이 많은 종류가 있으며, 그 모양과 배열이 우리가 느끼는 물질의 성질을 좌우한다. 예를 들어 식초가 신맛을 내는 것은 식초를 이루는 아토모스들이 가늘고 뾰족뾰족한 모습을 하고 있기 때문이며, 단맛을 내는 물질은 둥글둥글한 아토모스들로 이루어져 있기 때문이다. 또 아토모스들이 서로 가까이 붙어 있는 물질은 단단하고, 느슨하게 결합되어 있는 물질은 무르다. 이들은 한발 더 나아가 사람의 영혼도 아토모스로 이루어져 있다고 주장했다. 살아 있는 사람의 몸속에서는 영혼의 아토모스가 돌아다니면서 몸에 열을 내고, 이것이 생명의 근원이 된다. 사람이 숨을 거두면 영혼의 아토모스들은 육신에서 분리되는데, 분리된 영혼의 아토모스들은 이윽고 흩어져버리므로 사후에는 영혼도 소멸한다는 것이 원자론자들의 생각이었다.

자연철학에서 과학으로 가는 길에 만난 장애물

이상과 같이 그리스의 자연철학은 이 세상을 이해하는 방식을 근본적으로 바꾸어놓았다. 초창기 그리스의 자연철학자들은 초자연적 요인을 인정하지 않으려 했고, 궁금한 것이 생기면 적당히 얼버무리는 법 없이 끊임없이 생각해서 최선의 답을 찾으려고 했다. 이들의 합리적 사고방식은 이후 서양 문명의 발전에 커다란 영향을 미쳤다. 오늘날에도 많은 서양 사람들이 자신들의 문명의 뿌리를 고대 그리스에서 찾고 있다.

하지만 그리스의 초기 자연철학은 실질적인 과학의 발전으로 이어지지는 않았다. 이들의 야망은 원대했지만, 이들이 내놓은 학설은 그 야망에 부응하기에는 많이 모자란 것들이었다. 가장 큰 이유는 이들이 관찰과 경험을 토대로 삼기보다는 머릿속에서 사색을 통해 학설을 세워나갔기 때문이다. 따라서 어떤 이론이 성공할 수 있는 조건도 '현실 세계에서 우리가 경험하는 것들과 얼마나 맞아떨어지느냐'보다는 오히려 '얼마나 논리적으로 일관성이 있느냐'와 같은 것들이었다. 다음 장의 첫머리를 여는 인물은 바로 이와 같은 그리스 자연철학의 사변적 성격을 극단까지 밀고 간 사람이라고 할 수 있다.

만남 2

플라톤이 그려낸 깔끔한 우주

플라톤과 아카데메이아

아테네의 철학자 소크라테스^{Socrates, BC 469~399}는 그리스 철학의 방향을 바꾸어놓은 인물이다. 그는 "자기 밖의 사물에 대해 이야기하기 전에 우선 자신이 아무것도 모른다는 것을 인정해야 한다"고 주장했으며, 이런 입장에서 당시 성행하던 두 가지의 철학적 관행을 비판했다. 하나는 철학을 출세와 돈벌이의 수단으로 이용한 소피스트^{sophist}들이었고, 다른 하나는 자연학자^{physikoi}들, 다시 말해 탈레스 이래의 자연철학자들이었다. 소크라테스는 철학의 본질이란 사람이 사람답게 살 수 있는 길, 즉 참된 도덕이 무엇인지 밝혀내는 것이라고 생각했다. 따라서 남을 혀끝으로 제압하기 위한 논리를 개발하는 데 골몰한 소피스트들, 또 '원자'니 '진공'이니 증명할 수도 없는 소리만 늘어놓는 자연철학자들은 모두 부질없는 데 매달려 철학의 본질을 잊어버린 사람들이라고 주장했다. 소크라테스의 공격은 아테네 지도층의 마음을 불편하게 했고, 결국 그는 '청년들을 타락시킨다'는 죄목으로 사형을 당하고 말았다.

소크라테스의 제자 가운데는 아테네의 유력한 귀족 집안의 자제도 있었다. 그는 소크라테스가 독약을 마시고 세상을 뜬 뒤, 스승의 억울함을 풀어주기라도 하려는 듯 스승을 주인공으로 삼아 많은 글을 썼다. 그는 소크라테스와 마찬가지로 도덕의 문제를 가장 중요하게 여겼으며, 현실 세계가 참된 도덕에 의해 다스려지기를 바라는 마음에서, 철학에 능통한 정치가를 길러내기 위해 아테네 교외에 '아카데메이아$^{Acad\bar{e}me\hat{\imath}a}$'라는 학교를 손수 세웠다. 그의 이름이 바로 플라톤$^{Platon,\ BC\ 429\sim347}$이다.

플라톤은 소크라테스 사상의 맥을 이어받았지만 스승과는 달리 자연철학에도 관심이 많았다. 특히 《티마이오스^{Timaios}》라는 책

플라톤이 설립한 아카데메이아의 모습

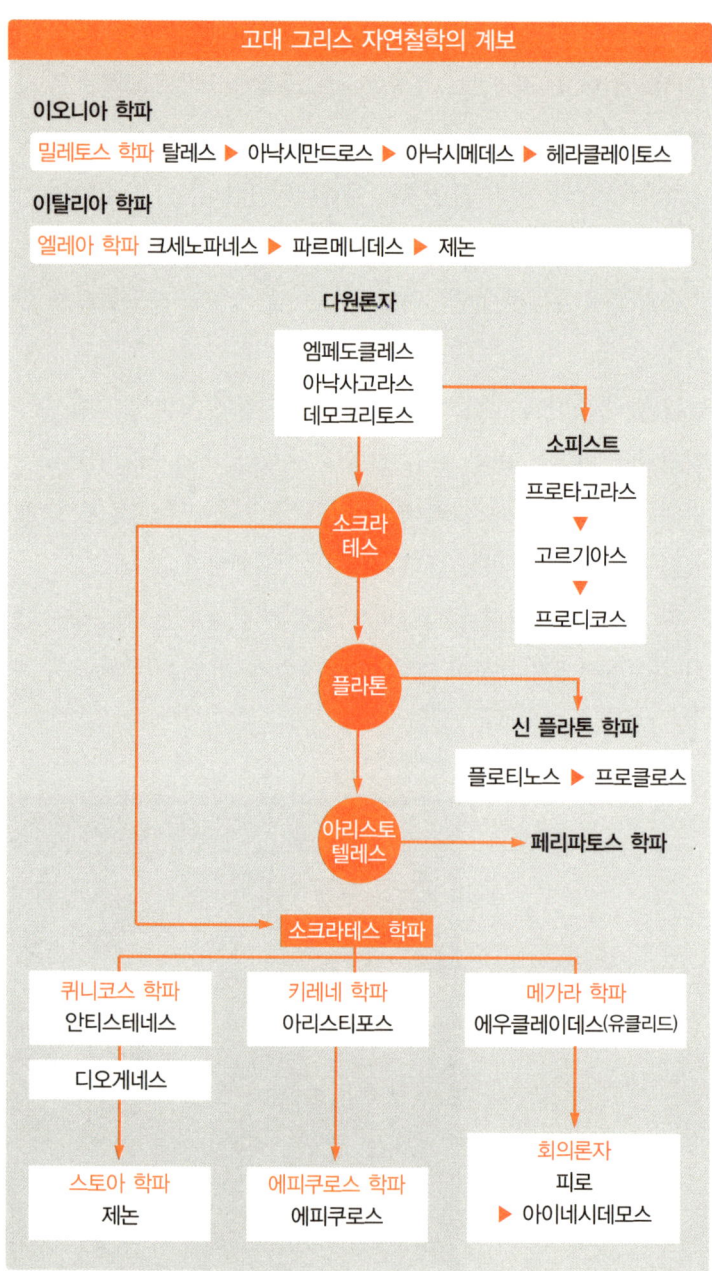

에서 우주와 물질 세계의 기원에 대해 심오한 이론을 세웠고, 그의 세계관은 뒷날 많은 자연철학자들에게 큰 영향을 끼쳤다.

이데아 세상의 과학, 기하학

플라톤 자연철학의 출발점은 일찍이 파르메니데스가 제기한 인식론의 문제와 맞닿아 있다. 플라톤은 우리의 감각 경험을 지식의 원천으로서 얼마나 믿을 수 있느냐 하는 문제에 대해 매우 극단적인 입장을 택했다. 그는 "인간의 감각은 믿을 수 없다"는 데서 한발 더 나아가, "인간이 감각으로 느낄 수 있는 세계는 참된 세계가 아니라 그것의 그림자에 불과하다"고까지 주장했다. 예를 들어 '개'라는 대상을 인식할 때, 우리는 감각을 통해 메리와 쫑과 덕구라는 개를 보고, 듣고, 만진다. 메리와 쫑과 덕구는 각각 생김새와 하는 짓이 모두 다르지만 우리는 그들이 모두 '개'라는 것을 알고 있다. 플라톤은 이에 대해 "메리, 쫑, 덕구 모두 진짜 '개'가 아니다"라고 주장했다. 진짜 '개'는 우리의 감각으로는 인지할 수 없는 추상적인 실재(플라톤은 이것을 '이데아'라고 불렀다)이며, 우리가 보고 듣고 만지는 메리, 쫑, 덕구는 진짜 '개'가 아니라 단지 개의 이데아^{idea}를 불완전하게 본뜬 것이다. 다만 인간의 마음이 개의 이데아를 인식할 수 있는 능력을 지니고 있기 때문에 우리는 그들이 모두 '개'라는 것을 알 수 있을 따름이라는 것이 플라톤의 주장이다.

플라톤에게 생물학이나 물리학과 같은 분야들은 굳이 연구할 가치가 없는 것들이었다. 우리가 아무리 동식물의 한살이나 돌멩이의 낙하 운동을 열심히 관찰한다고 해도, 그것은 어차피 이데아의 불완전한 모방에 지나지 않는 것들이므로 이 세계의 본질에 대해 아무것도 가르쳐줄 수 없기 때문이다. 플라톤이 보여준 실험과 관찰에 대한 냉담한 태도는 이후의 학자들에게도 영향을 미쳤고, 이는 중세 유럽에서 실험 과학이 발달하지 못했던 한 가지 이유가 되기도 했다.

하지만 그런 플라톤도 자연철학의 한 분야만큼은 소중하게 여겼는데, 그것은 바로 기하학이었다. 플라톤은 아카데메이아의 정문에 "기하학을 모르는 자, 이 문을 들어서지 말지어다"라고 쓴 현판을 붙여놓았다고 한다. 그가 기하학을 높이 산 까닭은 그것이 현실 세계를 다루는 학문이 **아니었기** 때문이다. 기하학에서 정의하는 '점'이란 위치는 있지만 크기가 없는 공간의 구성 요소이며, '선'이란 길이는 있지만 너비는 없는 존재다. 이들은 개념으로서 존재할 뿐 현실 세계에 우리가 감각할 수 있는 형태로 존재하지는 않는다. "크기가 없는 점이 무한히 많이 모여 선을 이루고, 너비가 없는 선이 무한히 많이 모여 면을 이룬다"는 말은, 우리가 공리^{公理}로서 받아들일 수 있을 뿐 경험으로 입증할 수는 없다. 마찬가지로 기하학에서 말하는 '원'이나 '삼각형' 같은 도형도 현실 세계에 존재하는 것이 아니라 우리의 머릿속의 개념으로서만 존재한다. 현실 세계에서 아무리 정확하게 원을 그리려고 해도 찬찬히 뜯어보면 어딘가는 일그러진 곳이 있게 마련이기 때문이다. 플라톤은 바로 이런 점 때문에 기하학을 배운 사람은 감각이 아닌 관념의 세계를 이해할 수 있게 되며, 따라서 이데아의 세계를 이해하는 방식을 익힐 수 있을 것이라고 생각했다.

게다가 그는 우리가 살고 있는 세계도 기하학을 통해 이해할 수 있다고 주장했다. 이 세계를 구성하는 근본 요소들이 바로 기하학적 도형이라고 생각했기 때문이다. 그는 엠페도클레스의 4원소설을 자신만의 독창적인 방식으로 받아들인 뒤 《티마이오스》에 그것을 설명해놓았다. 플라톤은 물, 불, 공기, 흙의 4가지 기본 물질에 엠페도클레스의 '리조마타' 대신 '스토이케이온stoicheion', 즉 '원소'라는 이름을 붙였다. 엠페도클레스의 리조마타는 근본 물질의 종류만을 의미하는 순전히 질적인 개념이었다. 이에 비해 플라톤의 원소는 네 가지 종류일 뿐 아니라 각각 그 크기, 모양, 개수를 헤아릴 수도 있었다. 그것은 플라톤이 원소를 바로 기하학적 도형이라고 생각했기 때문에 가능한 일이었다. 플라톤은 네 가지 원소의 정체가 네 종류의 정다면체라고 생각했다. 불은 만물에 스며들어 물질의 상태를 변화시키는 것으로 미루어보아 가장 작고 뾰족한 정사면체이고, 공기는 그 다음으로 작고 가벼운 정팔면체이며, 물은 상대적으로 둥글고 안정적으로 생긴 정이십면체, 그리고 마지막으로 흙은 빈틈없이 꽉 다져 쌓을 수 있는 모양인 정육면체라는 것이 그의 주장이었다. 여기서 주의할 것은 플라톤은 '불의 입자가 정사면체 모양을 하고 있는 것이 아니라 불의 본질이 바로 정사면체'라고 생각했다는 점이다.

당시 그리스 사람들은 다섯 종류의 정다면체를 모두 알고 있었다. 4원소가 네 개의 정다면체라고 하면 하나가 남는데, 정오각형 12개로 이루어진 정십이면체다. 플라톤은 정십이면체를 특

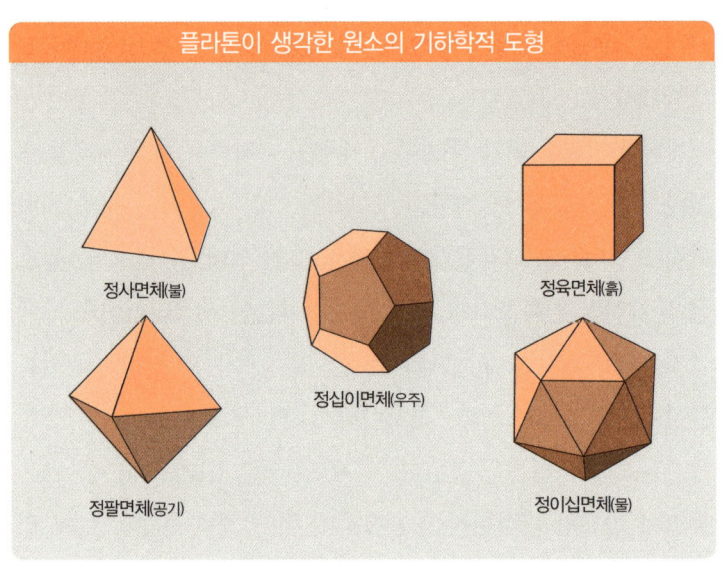

플라톤이 생각한 원소의 기하학적 도형

- 정사면체(불)
- 정십이면체(우주)
- 정육면체(흙)
- 정팔면체(공기)
- 정이십면체(물)

정한 원소라고 하지는 않았다. 원소가 네 가지뿐이어서 그랬는지, 아니면 정십이면체만 오각형으로 이루어져서 다른 원소들과 너무 이질적이어서 그랬는지는 확실히 알 수 없다. 다만 그는 구와 가장 비슷하게 생긴 정다면체인 정십이면체가 "우주를 다채롭게 그려내는 데 이용되었다"고만 짤막하게 덧붙이고 있을 따름이다.

우리가 사는 세계가 사실 잘 살펴보면(어차피 인간의 감각으로는 제 모습을 파악할 수도 없겠지만) 모두 세모와 네모라고? 누구 마음대로? 플라톤 마음대로. 플라톤에 의하면 이데아의 세계는 사색을 통해서만 이해할 수 있는 것이라니까. 이처럼 플라톤의 주장은 오늘날 우리들의 눈으로 보면 제멋대로이고 오만해 보이기까지 하다. 하지만 그의 자연철학이 후세에 위세를 떨친 데는 나름대로의 이유가 있었다. 같은 4원소설 무리인 엠페도클레스의 이론과 비교하면 플라톤의 이론은 대략 두 가지 부분에서 개선되었다. 첫째, 플라톤의 이론은 한 원소가 다른 원소로 바뀔 수 있는 가능성을 열어두고 있다. 엠페도클레스의 리조마타는 네 가지가 엄격히 서로 구분되어 있다. 당시 사람들이 보기에 이는 경험적 사실과 잘 맞지 않았다. 예를 들어 불을 지펴 물을 끓이면 공기(수증기)가 되는 현상은 한 원소가 다른 원소로 변환되는 것으로 여겨졌기 때문이다. 플라톤의 이론은 이런 문제를 설명할 수 있었다. 불, 공기, 물은 모두 정삼각형으로 이루어져 있어 서로 '헤쳐 모여'가 가능하다는 것이다. 플라톤은 이 과정을 더 상세히 설명하기 위해 4원소를 이루는 정다면체의 구성면(정삼각형과 정사각형)이 다시 두 종류의 기본 삼각형으로 나뉜다는

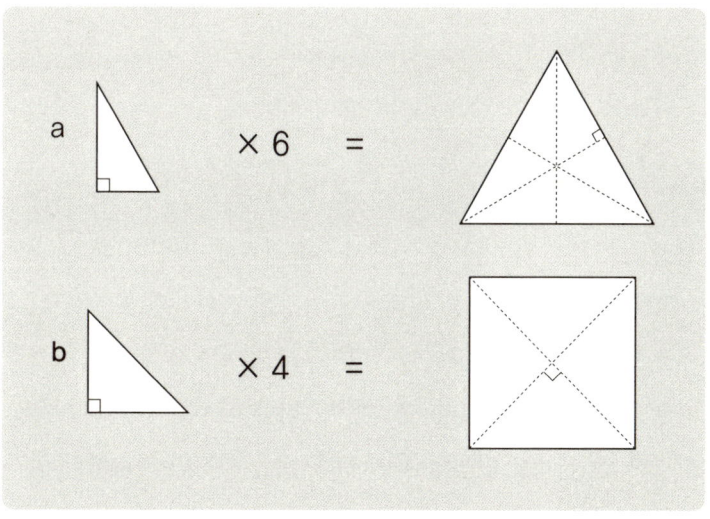

플라톤은 정다면체의 면을 이루는 정삼각형과 정사각형이 그림과 같이 더 작은 '요소 삼각형'들이 모여 이루어져 있다고 생각했다. 정삼각형은 여섯 개의 요소 삼각형(a)이 모여서, 정사각형은 네 개의 요소 삼각형(b)이 모여서 이루어진다는 것이다. 이는 원소 사이의 다양한 변환 과정을 설명하기 위해서였던 것으로 보인다.

주장을 내놓았다. 아래의 그림과 같이 정삼각형은 여섯 개의 직각삼각형으로, 정사각형은 네 개의 직각이등변삼각형으로 이루어져 있다는 것이다.

이것은 다시 플라톤의 원소 이론이 지닌 두 번째 강점으로 연결된다. 플라톤은 원소가 서로 변환되는 과정을 숫자를 이용해 설명했다. 예를 들어 플라톤은 '물이 공기와 불로 분해되는 과정'에 대해, 정이십면체(물) 하나가 쪼개져 정팔면체(공기) 두 개와 정사면체(불) 하나가 된다는 식으로 아귀가 딱 맞게 설명하고자 했다. 이러한 설명이 실제로 자연에서 일어나는 일과 들어맞는지는 아무도 확인할 수 없었지만, 적어도 플라톤의 설명은 엠페도클레스의 모호한 설명보다 훨씬 구체적이라는 느낌을 줄 수 있었다.

추상적 법칙에서 과학 이론으로

한편 플라톤은 《티마이오스》에서 "이 세계를 만든 이(데미우르고스^{dēmiourgos})는 가능한 한 이데아에 가깝게 바람직한 모습으로 세계를 만들었다"고 주장했다. '데미우르고스'는 원래 '장인, 기술자'를 뜻하는 그리스어다. 플라톤이 《티마이오스》에서 "데미우르고스가 이 세계를 만들었다"고 말한 것은 특정한 사람이나 인격체를 가리킨 것이 아니고, 일종의 비유였던 것으로 보인다. 그런데 뒷날 기독교도들은 플라톤의 철학을 받아들이면서 이 대목을 '천지창조'에 대한 그들의 믿음과 연결시켜 이해했다. 데미우르고스는 '조물주'인 하느님을 가리키는 것으로 받아들여졌고, 이 때문에 플라톤 철학은 큰 거부감 없이 기독교 세계에 받아들여질 수 있었다.

《티마이오스》에는 이 밖에도 호흡은 어떻게 이루어지는지, 사람은 왜 질병에 걸리는지 등에 대한 독특한 주장들이 실려 있다. 하지만 플라톤이 이후 2천 년 가까이 중요한 철학자로 받들어진 것은 원소가 정다면체라거나 하는 구체적인 이론 때문만은 아니었다. 플라톤은 진리가 우리의 감각이 미치지 못하는 '저편'에 있다고 믿었다. 앞서 말했듯이 이와 같은 견해는 후세의 학자들로 하여금 실험과 관찰이 별 의미 없는 활동이라고 생각하게 함으로써 과학의 발전을 더디게 한 측면이 있다. 하지만 플라톤의 사상이 과학의 발전에 반드시 부정적인 영향을 끼쳤다고만 할 수는 없다. "자연을 탐구하는 사람은 우리가 감각으로 받아들이는 현상 그 자체가 아닌 그 너머에 있는 추상적인 법칙에 주목해야 한다"는 생각은 사실 오늘날의 과학자들도 간직하고 있는 생각이기 때문이다. 플라톤이 감각과 경험의 역할을 지나치게 낮춰 잡기는 했지만, 경험을 종합하여 추상적인 법칙을 이끌어내는 이성의 역할을 강조했다는 점에서 그는 오늘날 과학자들의 선구자라고 할 수 있다. 그리고 플라톤이 과소평가했던 경험의 역할은 곧 그의 수제자에 의해 재평가되기에 이른다.

만남 3

잃어버린 아리스토텔레스의 조각

플라톤을 넘어 자신만의 철학으로

고대 그리스 문명의 전성기, 발칸 반도의 남쪽 끝에서 아테네와 스파르타 등 여러 폴리스가 힘을 겨루고 있을 때, 그 북쪽에는 마케도니아^{Macedonia}라는 왕국이 있었다. 마케도니아는 페르시아 전쟁$^{Greco-Persian\ Wars,\ BC\ 500~448}$ 때 폴리스 동맹에 등을 돌리고 페르시아 편을 드는 바람에 폴리스들과 사이가 나빠졌다. 하지만 아테네와 스파르타가 그리스의 패권을 다투느라 펠로폰네소스 전쟁$^{Peloponnesian\ War,\ BC\ 431~404}$을 벌이면서 폴리스들이 쇠약해졌고 그 틈을 타 마케도니아는 그리스 전역에 세력을 뻗쳐 나갔다. 마케도니아의 왕 필리포스 2세$^{Philipos\ II,\ BC\ 382~336}$는 BC 338년 카이로네이아 전쟁에서 폴리스 연합군을 격파하고 그리스 전역을 자신의 세력 아래 두었다.

필리포스 2세의 아버지 아민타스 2세는 마케도니아 국경 근처의 도시 스타게이로스에서 활동하던 니코마코스라는 의사를 불러들였다. 니코마코스는 왕의 부름을 받을 무렵 '아스클레피오스Asklēpios 의사 조합'의 일원으로 활동하고 있었다. 아스클레피오스 조합의 의사들은 과거의 의사들과는 병에 대한 생각이 달랐다. 기존의 의사들은 인간이 신을 화나게 하여, 또는 신들이 인간을 돌보지 않아서 인간이 질병에 걸린다고 생각했다. 따라서 환자를 낫게 하기 위해 의사가 할 수 있는 일도 별다른 것이 없었다. 의사들은 신의 노여움을 풀기 위해 이런저런 일을 했고, 그것은 사실상 사제나 주술사가 하는 일과 다를 바 없었다. 그러나 새로운 세대의 의사들은 병이 어디까지나 자연적인 원인에 의해 생겨나고, 따라서 병의 치료도 자연적 수단을 통해 이루어져야 한다고 생각했다. 신의 노여움이니 무관심이니 하는 초자연적인 요인을 통해 병을 이해하기를 거부한 것이다.

이러한 변화는 BC 400년경, 즉 니코마코스와 같은 시대에 활동했던 히포크라테스Hippokratēs, BC 460~377의 말에서도 잘 드러난다. 당시 사람들은 간질을 '신성한 질병'으로 여겼는데, 히포크라테스는 신의 노여움 때문에 간질 발작이 일어난다는 식의 설명은 "이 병의 본질에 대해 알지 못하고 적절하게 치료할 능력이 없는 의사들이 자신의 무지無知를 감추려는 것"이라며 초자연적 요인을 신봉하는 의사들을 가차없이 비판했다. 그

● **아스클레피오스**
고대 그리스에서 섬기던 의술의 신. 제우스의 아들로 그리스 신화에 따르면 그의 의술이 너무 뛰어나 죽어서 저승에 내려오는 사람이 없어질 지경이 되자 세상의 질서가 흐트러질 것을 염려한 제우스가 벼락을 쳐 그의 목숨을 앗아간 뒤 신으로 만들어주었다고 한다.

는 "질병을 고치기 위해서는 우선 사람의 몸과 질병에 대해 제대로 이해해야 한다"고 주장하며, 이를 위해 네 가지 체액의 균형이 맞아야 인체의 건강이 유지된다는 학설을 세우기도 했다. 니코마코스가 히포크라테스와 만났는지, 또는 직접적인 영향을 받았는지는 확실치 않다. 하지만 그가 새로운 세대의 의사로서 히포크라테스와 마찬가지로 합리적인 질병관을 가지고 있었다는 점, 그리고 궁정 의사로 초빙될 정도로 의술이 뛰어났다는 점은 분명하다.

니코마코스는 가족을 데리고 아민타스 2세의 궁정으로 들어갔다. 당시 아민타스 2세에게는 필리포스라는 아들이 있었고, 니코마코스에게는 필리포스보다 한두 살 어린 아들이 있어 둘은 곧 친한 친구가 되었다. 니코마코스의 아들 이름이 바로 아리스토텔레스였다.

아리스토텔레스가 열 살이나 열한 살이 될 무렵 니코마코스와 그의 아내는 갑자기 한꺼번에 숨을 거두고 말았다. 마케도니아 왕의 궁정에서 졸지에 고아가 된 아리스토텔레스는 다행히도 삼촌(아버지의 친구라는 설도 있음)의 보살핌을 받게 되었다. 삼촌 내외는 아리스토텔레스를 고향 스타게이로스로 데려가 친자식처럼 보살피며 좋은 교육을 시켰고, 아리스토텔레스는 훌륭한 청년으로 자라났다. 아리스토텔레스는 유언장에 양부모의 동상을 세우라는 말을 남겼을 만큼 이들에 대한 고마움을 평생 간직했다.

BC 367년, 열일곱 살의 아리스토텔레스는 고향을 떠나 아테네 유학길에 올랐다. 비록 정치·군사적으로 내리막에 접어들었다고는 해도, 아테네는 여전히 학문과 예술의 중심지였다. 아리스토텔레스가 찾아간 아카데메이아는 그중에서도 최고의 학교였다.

아카데메이아는 오늘날의 학교처럼 시간표에 맞춰 여러 과목을 공부하고 시험을 치러 성적을 매기는 학교는 아니었다. 아카데메이아에서는 대화가 곧 수업이었다. 그리스 최고의 학자들이 모여 그리스 특권층의 자제들과 대화를 나누다 보면, 그것이 곧 지적인 훈련이요, 시험이 되었던 것이다.

마케도니아는 군사적으로는 떠오르는 신흥 강국이었지만 문화적으로는 아직까지 그리스 본토에 비해 뒤떨어져 있었다. 하지만 마케도니아 출신의 아리스토텔레스는 그리스 학생들 틈바구니에 끼어서도 전혀 주눅 들지 않고 자신의 재능을 발휘했다. 플라톤은 "우둔한 학생들에게는 채찍이 필요하지만 아리스토텔레스에게는 (너무 앞서 나가지 않도록) 재갈이 필요하다"고 말했을 정도로, 아리스토텔레스의 재능과 부지런함을 인정했다.

플라톤과 아리스토텔레스는 많은 점에서 닮았다. 두 사람 모두 기존의 원자론에 반대했다. 우리가 사는 세계는 마땅히 어떤 목적이나 계획에 의해 만들어지고 움직일 터인데, 원자론에 따르면 이 세계에는 진공 속을 아무 생각 없이 돌아다니는 원자들밖에는 남지 않을 것이라는 이유에서였다. 두 사람 모두 감각 경험의 한계를 인정했지만, 인간이 어떤 지식도 얻을 수 없다는 극단적인 회의주의에는 반대했다. 또한 인간의 경험을 철저히 분석하면 이 세계를 이루는 근본적인 질서의 원리를 알아낼 수 있을 것이라고 믿었다.

세계를 이루는 근본적인 질서의 원리를 알아내려 했던 아리스토텔레스

하지만 아리스토텔레스는 스승의 길을 그대로 따르지는 않았다. 플라톤은 이 세계가 이데아의 불완전한 모상이므로 이 세계에 대한 경험을 쌓는 것보다는 기하학을 통해 직접 이데아의 세계를 이해하는 것이 중요하다고 생각했다. 그러나 아리스토텔레스는 우리가 살고 있는 세계와 따로 떨어져 있는 질서란 없으며, 이 세계에 대한 경험을 쌓다 보면 그 뒤에 숨어 있는 질서를 깨달을 수 있다고 생각했다. 이런 맥락에서 아리스토텔레스는 특히 자연사와 생명 현상에 많은 관심을 가졌다.

아리스토텔레스는 20년 동안 아카데메이아에서 학문을 닦았다. 플라톤이 여든 살의 나이로 세상을 떠날 무렵, 그는 이미 그리스에서 가장 뛰어난 철학자들 가운데 한 명으로 꼽히고 있었다. 하지만 그는 아카데메이아를 물려받지는 못했다. 플라톤의 뒤를 이은 것은 플라톤의 조카이자 플라톤과 마찬가지로 수학과 기하학을 중시했던 스페우시포스$^{Speusippos, BC\ 395?\sim339}$였다. 아리스토텔레스는 곧 아테네를 떠나 주변의 작은 도시들을 떠돌며 학생들을 가르쳤다. 그가 황급히 아테네를 떠난 것은 신변의 위협을 느껴서였는지도 모른다. 플라톤이 숨을 거둔 그해, 한때 아리스토텔레스의 소꿉친구였던 마케도니아 왕 필리포스 2세는 그리스 북부의 도시 올린수스를 정복함으로써 그리스 전체를 지배하기 위한 첫발을 내디뎠다. 마케도니아에 대한 반감이 높아지는 아테네에서 아리스토텔레스가 견뎌내기는 아무래도 어려웠을 것이다.

아리스토텔레스는 2년 남짓 지중해의 작은 도시와 섬을 돌아다닌 뒤, BC 344년 필리포스 2세의 부름을 받고 마케도니아로 돌아갔다. 그는 열세 살의 어린 왕자 알렉산드로스의 스승이 되었고, 필리포스가 암살당하고 알렉산드로스가 왕좌에 오를 때까지 그를 보좌했다.

BC 335년, 아리스토텔레스는 이제는 마케도니아의 '보호'를 받게 된 아테네로 돌아가 자신의 철학 학교를 세웠다. '리케이온 Lykeion'이라고 이름 붙인 새로운 학교에서 그는 13년 동안 학생들을 가르치고, 대중들에게 강연을 하고, 글을 썼다. 매일 아침 학생들과 뜰을 거닐며 철학적 문제에 대해 토론하는 습관 때문에, 그가 일군 학파는 뒷날 '소요학파 逍遙學派, Peripatetic School'라고 불리게 되었다.

아리스토텔레스의 인생에서 가장 풍요로웠던 시기는 BC 323년 알렉산드로스 대왕의 죽음과 함께 막을 내렸다. 알렉산드로스의 죽음이 전해지자 아테네에서는 마케도니아의 지배에서 벗어나고자 하는 움직임이 거세졌다. 아테네 시민들은 알렉산드로스가 파견한 총독을 몰아내

● **리케리온**
아리스토텔레스가 BC 335년 그리스 아테네에 세웠던 교육기관과 정원의 명칭. 이곳에서 학문을 가르쳤기 때문에 나중에는 많은 나라에서 학교를 가리키는 말로 사용되곤 했다.

고, 아리스토텔레스가 예전에 쓴 시를 트집 잡아 그를 법정에 세우고자 했다.

소크라테스의 운명을 잘 알고 있던 아리스토텔레스가 순순히 법정에 섰을 리는 없다. 그는 아테네 사람들이 '철학에 대한 두 번째 죄'를 짓지 않도록 재빨리 몸을 피했다. 아테네 사람들이 죄 없는 소크라테스를 죽임으로써 이미 철학에 죄를 지었는데, 이제 자신을 죽이게 되면 또다시 철학에 죄를 짓게 될 테니 자신이 피신하는 게 낫다는 뜻이었다.

아리스토텔레스는 어머니가 약간의 재산을 남겨놓았던 에보이아 섬의 소도시 칼키스로 달아났다. 그리고 이듬해인 BC 322년, 그곳에서 세상을 떠났다. 그가 쓴 글들은 리케이온에 보관되어 있다가, 정치적 격변기를 거치면서 이곳저곳으로 옮겨진 뒤, BC 70년 무렵 로마 제국에서 재발견되었다.

네 가지 원인 : 질료인 · 형상인 · 운동인 · 목적인

아리스토텔레스는 철학자였다. 앞서 살펴보았듯, 자연에 대한 합리적인 설명 체계를 오늘날 우리는 '과학'이라고 부르지만 당시에는 '자연철학'이라고 불렀고, 이는 그 이름에서 쉽게 짐작할 수 있듯이 철학의 한 부분이었다. 따라서 아리스토텔레스의 과학 사상을 이해하려면 그의 철학에 대해서도 어느 정도는 알고 있어야 한다. 아리스토텔레스의 철학은 무척 방대한 체계를 이루고 있어 그 전부를 살펴보기는 매우 어려운 일이다. 여기에서는 그의 자연철학을 이해하는 데 빼놓을 수 없는 '원인'이라는 개념에 대해서만 살펴보도록 하자.

'원인'이란 어떤 사물이 생겨나거나 어떤 현상이 일어나도록 만드는 것을 말한다. 오늘날 우리가 일상생활에서 '원인'이라는 말을 쓸 때에는 대개 '감기의 원인은 바이러스다'라는 식으로, 어떤 결과를 낳은 직접적인 계기가 된 사물이나 사건을 가리키곤 한다. 그런데 아리스토텔레스는 이 원인이라는 낱말을 오늘날 우리가 쓰는 것보다 훨씬 넓은 의미로 사용했다. 예를 들어 '책상'이라는 사물의 원인이 무엇인지 아리스토텔레스식으로 생각해보자. 그러면 아래와 같은 네 가지 주장 모두가 참이 된다.

① 나무가 책상의 원인이다.
② 목수가 머릿속에 그리고 있는 책상의 모양이 책상의 원인이다.
③ 목수와 그의 연장이 책상의 원인이다.
④ 책상을 주문한 학생의 공부하려는 마음이 책상의 원인이다.

요즘 사람들로서는 '이게 다 뭔가?' 하는 생각이 우선 들 것이다. 하지만 조금만 참고 아리스토텔레스의 생각을 따라가보자. 아리스토텔레스는 'A의 원인'이라는 말의 뜻을 'A를 A가 되도록 하는 것'이라고 생각했다. 따라서 "책상의 원인은 무엇인가?"라는 질문은 "무엇이 이 책상을 지금 우리가 보고 있는 모습이 되도록 하였는가?"라는 질문과도 같다. 이렇게 생각하면 위의 네 가지 주장이 모두 참이라고 해도 크게 이상할 것은 없다. 하나씩 살펴보자.

① **나무가 책상의 원인이다.** 책상을 만들려면 무엇보다도 먼저 책상을 만들 재료가 있어야 한다. 나무는 책상을 책상이 되게끔 하는 가장 밑바탕이 되는 사물이므로, 책상의 원인이다. 이것이 이른바 '질료인質料因'이다.

② **목수가 머릿속에 그리고 있는 책상의 모양이 책상의 원인이다.** 하지만 나무가 곧 책상은 아니다. 나무를 절구 모양으로 다듬으면 절구가 되고, 함지박 모양으로 다듬으면 함지박이 되고, 책상 모양으로 만들면 책상이 된다. 따라서 나무를 책상이 되게끔 해주는 것은 '책상의 모양'이다. 모양이라는 것이 물건과 따로 떨어져 존재하지는 않으므로(물론, 플라톤이라면 존재할 수 있다고 생각했을 것이다), 책상의 모양은 목수의 머릿속에 담겨 있다고 치자. 이 책상의 '형상'이 나무라는 질료와 결합해야 비로소 책상이 만들어지는 것이다. 후대의 철학자들은 이를 '형상인形象因'이라고 불렀다.

③ **목수와 그의 연장이 책상의 원인이다.** 질료와 형상만 갖추어져 있다고 해서 나무토막이 저절로 책상으로 변하는 것은 아니다. 목수가 직접 손을 놀려야 비로소 나무토막이라는 질료가 책상의 형상이라는 옷을 입게 된다. 따라서 목수가 손을 놀려 나무를 가공하는 행위도 책상이 되도록 하는 원인이다. 이것은 변화나 운동을 직접 일으키는 원인이라 하여 '운동인運動因'이라고 불린다. 예를 들어 펠레가 강슛을 날리는 사건에서 운동인은 펠레가 축구공을 발로 차는 행위가 된다.

④ **책상을 주문한 학생의 공부하려는 마음이 책상의 원인이다.** 이 마지막 원인은 오늘날의 사람들로서는 가장 이해하기 어려울 것이

다. 아리스토텔레스는 오늘날 사람들이 '목적'이라고 부르는 것도 넓은 의미에서 원인의 한 가지로 포함시켜 생각했다. 형상과 질료를 갖추고 목수는 자신의 노동을 들여 책상을 만든다. 그러면 목수는 책상을 왜 만드는가? 학생의 의뢰를 받았기 때문이다. 그 학생은 왜 책상을 주문했을까? 새 책상에서 열심히 공부를 하고 싶기 때문이다. 이렇게 따지고 보면, 결국 하나의 책상이 만들어진 원인 가운데는 '학생이 공부를 열심히 하기 위해서'라는 것이 포함된다. 이것이 이른바 '목적인目的因'이다. 목적인이라는 개념을 오늘날의 사람들이 이해하기 어려운 것은, 근대적인 인과因果 개념으로는 목적이란 나중에 실현될 '결과'이지 '원인'이 아니라고 생각하기 때문이다. 그래도 어쨌든 여기서는 아리스토텔레스의 생각을 받아들이도록 노력해보자. 이해를 돕기 위해 예를 더 들자면, 많이 걷고 음식을 조절하는 행위의 목적인은 '건강'이며, 어린이가 자라는 현상의 목적인은 '어른이 되는 것'이다. 여기서 알 수 있듯이 목적인 개념은 아리스토텔레스의 생물학에서 특히 중요한 역할을 하는데, 이에 대해서는 나

사람을 이루는 원인은 무엇일까?

아리스토텔레스는 어떠한 사물이나 현상에만 원인이 있는 것이 아니라 사람을 이루는 데도 원인이 있다고 생각했다. 즉, 어머니가 사람의 질료를 내어주고 아버지는 운동인을 제공한다는 것이다. 동양에서도 조금씩 다르기는 하지만 사람의 원인에 대해 전통적으로 비슷한 생각을 했다는 것을 알 수 있다.

중에 다시 살펴보도록 하자.

　아리스토텔레스의 '네 가지 원인'에서 특히 눈여겨볼 것은 스승 플라톤과의 차이점이다. 아리스토텔레스의 용어로 표현하자면 플라톤은 두 번째 원인, 즉 '형상'만을 중시했다. 즉 실제로 존재하는 것은 책상의 '형상'뿐이고, 우리가 감각으로 느끼는 책상들은 그 '책상 이데아'의 불완전한 모상일 뿐이라는 것이 플라톤의 입장이다. 당연히 플라톤은 하나하나의 책상이 어떻게 생겼는지, 또 그 하나하나의 책상이 무엇으로 만들어졌는지 등에는 별다른 관심이 없었다. 하지만 아리스토텔레스에게 중요한 것은 바로 그 '하나하나의 책상'이었다. 아리스토텔레스가 '질료인'을 원인의 하나로 삼은 것은 바로 구체적이고 개별적인 사물에 대해 관심을 갖고 있었기 때문이다. 현실 세계에서는 볼 수도 없고 그릴 수도 없는 원과 삼각형에 대해 열심히 논하던 그의 스승과는 달리, 아리스토텔레스는 인간의 감각 기관을 통해 느낄 수 있는 것들에 대해 이야기하기를 즐겼다.

천상계와 지상계는 다르다

감각 경험을 중히 여기는 아리스토텔레스의 입장은 그의 물질 이론에서 잘 드러난다. 아리스토텔레스는 스승 플라톤과 마찬가지로 엠페도클레스의 4원소설을 받아들였다. 그러나 플라톤이 네 가지 원소의 실체는 결국 기하학적 도형일 뿐이라고 생각했던 것과는 정반대로, 아리스토텔레스는 물, 불, 공기, 흙의 네 가지 원소는 우리가 날마다 보고, 만지고, 냄새 맡는 바로 그것들이라고 생각했다.

또한 아리스토텔레스는 4원소설을 더욱 세련된 형태로 다듬었다. 4원소설은 엠페도클레스가 처음으로 주장한 이래 의학자들을 중심으로 널리 받아들여졌지만, 그 뜻을 저마다 멋대로 해석하는 바람에 개념상의 혼란이 적지 않았다. 원래 "우주가 불, 공기, 물, 흙의 네 가지 원소로 이루어져 있다"는 주장은 우주의 구조를 설명하려고 생각해낸 것이었다. 즉 땅(흙) 위에는 바다와 강(물)이 있고, 그 위를 공기가 둘러싸고 있으며, 우주의 맨 바깥쪽은 해와 달과 별들(불)이 에워싸고 있다는 것이다. 그런데 이 학설을 받아들였던 사람들 중 적지 않은 이들이 이것을 '우주 만물은 네 가지의 힘(또는 성질)이 결합하여 이루어진다'는 뜻으로 받아들였다. 냉冷, 온溫, 건乾, 습濕의 네 가지 성질이 어떤 비율로 결합하느냐에 따라 사물의 특징이 나타난다는 것이다. 그 결과 아리스토텔레스가 활동할 무렵에는 '우주를 구성하는 네 가지 물질'에 대한 이론과 '사물을 구성하는 네 가지 원리'에 대한 이론이 제대로 구분되지 않은 채 뒤섞여 있었다.

아리스토텔레스는 물, 불, 공기, 흙의 네 가지 원소와 냉, 온, 건, 습의 네 가지 성질을 명확히 구분함으로써 이 혼란을 해결하고자 했다. 그는 냉, 온, 건, 습이 사물의 가장 근본적인 성질이기는 하지만, 그 자체가 외따로 존재할 수는 없다고 주장했다. 대신 한 쌍의 성질들이 짝을 지어 원소를 이루고, 그 원소들이 다른 사물들을 이루는 근본이 된다고 주장했다. 그에 따르면 우리는 물, 불, 공기, 흙을 오감으로 느낄 수 있고, 거기에서 얻은

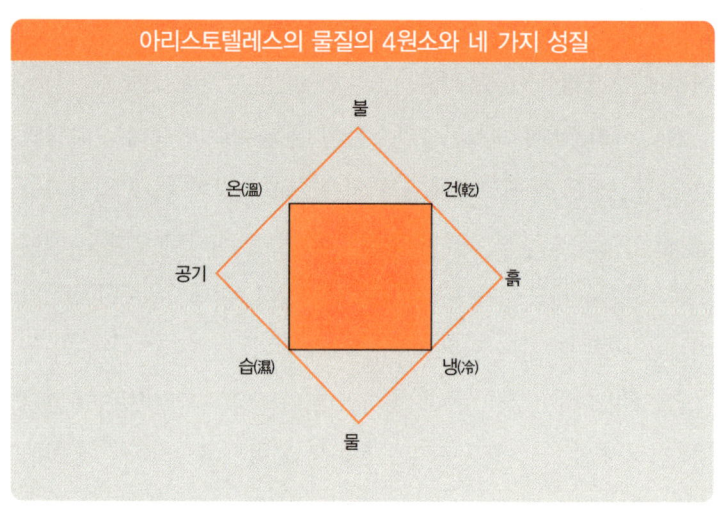

경험을 바탕으로 냉, 온, 건, 습의 네 가지 성질이 어떤 것인지 추론할 수 있다. 그러나 절대적인 '차가움'이나 '습함'을 눈으로 보거나 손으로 만질 수는 없다. 성질은 물질을 통해서 드러날 뿐 그 자체로 존재할 수는 없기 때문이다. 냉과 온, 건과 습은 각각 대립되는 성질이므로 짝을 지을 수 없고 '냉-건' '냉-습' '온-건' '온-습'과 같이 네 쌍을 짝 지을 수 있다. 따라서 차갑고 습한 것은 물, 차갑고 메마른 것은 흙, 뜨겁고 습한 것은 공기, 뜨겁고 메마른 것은 불이 된다. 위의 그림을 보면 아리스토텔레스가 생각한 4가지 원소와 4가지 성질의 관계를 잘 알 수 있다.

아리스토텔레스는 네 가지 원소와 네 가지 성질을 구분함으로써 한 원소가 다른 원소로 바뀌는 현상도 그의 스승과는 다른 방식으로 멋들어지게 설명할 수 있었다. 예를 들어 불을 지펴 물을 데우면 물이 공기(수증기)로 변한다. 플라톤은 이것을 물을 이루는 삼각형이 잘게 쪼개져 더 작은 삼각형의 원소(공기)가 되는 것이라고 설명했다. 반면 아리스토텔레스는 차갑고 습한 원소(물)에 뜨겁고 메마른 원소(불)를 더해주면 뜨거운 성질이 강해져서 물이 뜨겁고 습한 원소(공기)로 바뀐다는 식으로 같은 현상을 설명했다. 또한 찬물을 담은 그릇 표면에 이슬이 맺히는 현상은, 반대로 공기가 차가운 그릇 표면에 닿아 뜨거운 성질을 잃고 차갑고 습한 원소(물방울)로 바뀐다고 설명할 수 있다. 이와 같은 아리스토텔레스의 이론은 평범한 사람들이 일상생활에서 경험하는 많은 현상들을 이치에 닿도록 설명해줄 수 있었다. 이것이 눈에 보이지 않는 조그만 삼각형들을 동원한 플라톤의 설명보다 호소력이 더 강했으리라는 것은 쉽게 짐작할 수 있을 것이다. 아리스토텔레스의 물질 이론은 파르메니데스 이래 많은 이들을 괴롭혔던 '변화하면서도 항구적인 세상'이라는 문제에 깔끔한 해답을 제시했다. 그리고 이후 중세가 끝날 때까지 무려 1,500년이 넘도록 서양에서 가장 권위 있는 물질 이론으로 널리 받아들여졌다.

그런데 이것으로 모든 문제가 해결된 걸까? 우리 주변에서 일어나는 변화들은 아리스토텔레스의 물질 이론으로 대부분 설명할 수 있다. 하지만 아리스토텔레스는 변화를 설명할 뿐 아니라 '변화하지 않는 것'에 대해서도 설명하고자 했다. 고개를 들어 하늘을 보라! 밤하늘에 빛나는 별들은 날마다, 달마다, 철마다, 해마다 정해진 자리에서 뜨고 진다. 이들에게는 '변화'라는 말보다 '규칙'이나 '영속'이라는 말이 더 잘 어울리지 않을까? 언제나 정해진 자리에서 반짝반짝 빛나고 있는 별들을 물, 불, 공기, 흙 같은 평범한 원소들의 조합으로 설명해낼 수 있을까?

변화가 끊이지 않는 우리 주변의 세계와 늘 똑같은 규칙이 지배하는 하늘. 아리스토텔레스는 아마 이 두 세계의 차이를 누구보다도 크게 느꼈던 것 같다. 그가 물, 불, 공기, 흙의 네 가지 원소로 하늘의 세계를 설명하려 하지 않고, "하늘의 세계는 지상의 세계와는 전혀 다른 원소로 이루어져 있다"는 새로운 이론을 고안해냈기 때문이다. 아리스토텔레스는 이 '제5원소'를 '에테르 aether'라고 불렀다. 그에 따르면 에테르는 새로이 생겨나지도 않고 사라지지도 않는 원소로, 마치 정기精氣와 같은 것이다. 하늘의 천체는 모두 에테르가 응축되어 만들어졌으며 천체가 떠다니는 공간도 모두 에테르로 채워져 있다. 변화하는 세계는 변화하는 원소로, 불변의 세계는 불변의 원소로. 아리스토텔레스는 이처럼 질적으로 다른 두 종류의 원소를 고안해냄으로써 두 개의 세계를 하나의 이론으로 아울러 설명하고자 했다.

아리스토텔레스에게 '천상계'와 '지상계'라는 두 세계의 구분은 단순히 설명의 편의를 위한 것이 아니었다. 두 세계는 질적으로 서로 다른 원소로 이루어져 있었고, 따라서 서로 교류할 수도 없을 만큼 엄격히 나뉜 세계였다. 이렇게 천상계와 지상계의 엄격한 구분은 아리스토텔레스의 물질 이론뿐만 아니라 그의 우주구조론이나 운동론에서도 중요한 대전제가 되었다.

● 에테르
사전에서는 aether와 ether가 동의어로 나타나지만 실제 현대 물리학이나 화학에서 사용하고 있는 에테르(ether)와 아리스토텔레스가 생각한 에테르(aether)는 본질적인 차이가 있다.다.

양파 껍질 속의 지구

아리스토텔레스가 살았던 시절에도 지구가 태양의 주위를 돌고 있다고 믿은 이들이 제법 있었다(다만 이들의 주장은 과학적 사고를 통한 확신이 아니라 종교적 신념에 바탕을 두고 태양을 귀히 여겼기 때문이다). 하지만 아리스토텔레스가 생각한 우주의 중심은 역시 지구였다. 지구를 우주의 중심에 놓고 생각해야 그의 물질 이론이나 운동론 등이 모두 아귀가 잘 들어맞기 때문이다.

바로 앞에서 살펴보았듯이 아리스토텔레스의 우주는 변화와 유한이 지배하는 네 개의 원소로 이루어진 지상계와, 에테르(제5원소)로 만들어진 변하지 않는 별들의 세계로 나뉜다. 만일 지구가 우주의 중심이 아니라면 우주의 생김새는 상당히 이상해진다. 에테르로 가득 찬 드넓은 우주의 어느 구석엔가 네 가지 원소로 이루어진 지구가 콕 박혀 있는 꼴이 되는 것이다. 우주의 한가운데도 아닌 어느 특정한 부분만 다른 종류의 원소로 이루어져 있다는 생각은 상당히 부자연스럽다. 구태여 이런 생각을 할 만한 충분한 근거를 찾을 수 있을까? 이보다는 지구가 우주의 중심이며, 우주의 중심에 가까운 곳은 네 가지 원소로 이루어져 있고, 그보다 더 멀리 떨어진 곳은 에테르의 세계라는 식의 설명이 더 그럴듯한 것이 아닐까?

누구보다도 경험과 상식을 중요하게 여겼던 아리스토텔레스는 우주의 구조에 대해서도 경험에 잘 들어맞고 상식적으로도 받아들이기 쉬운 설명을 선택했다. 아리스토텔레스가 지구를 중심으로 한 우주구조론을 처음으로 생각해낸 사람은 아니다(지구

중심의 우주구조론을 처음 제시한 사람은 엠페도클레스이다). 하지만 그는 이것을 가장 세련된 형태로 다듬어서 누구도 쉽사리 반박하기 어려운 권위를 부여했다. 그의 우주구조론은 앞서 설명한 물질 이론에 바탕을 두고 있다. 우주의 한가운데인 지구는 가장 무거운 원소인 흙이 공 모양으로 뭉쳐져 이루어져 있다. 그 위를 두 번째로 무거운 원소인 물이 덮고 있다. 그리고 가벼운 원소인 공기가 그 위를 담요와 같이 덮고 있다. 위로 더 올라가면 네 가지 원소 중 가장 가벼운 불이 나머지 세 가지 원소를 둘러싸고 있다.

4원소의 세계는 달의 '천구 天球' 아래에서 끝난다. 거기서부터는 제5원소인 에테르로 이루어진 천체의 영역이다. 천체들은 수정^{crystal}과 같이 투명하고 튼튼한 물체로 만들어진 천구에 붙박여 있다. 이 천구가 우주의 중심을 따라 회전하면 우리 눈에는 천체가 하늘을 따라 움직이는 것으로 보이는 것이다. 달의 천구 바깥으로 수성-금성-태양-화성-목성-토성 순서로 태양과 다섯 행성들의 천구가 자리 잡고 있다(지구가 태양계의 중심이라고 가정하는 경우, 태양이 지구의 자리에 있는 것처럼 관측되므로 이와 같은 순서가 나온다). 행성 천구 바깥에는 붙박이별(항성)들이 모두 붙어 있는 항성 천구가 있다.

그러면 항성 천구의 바깥에는 뭐가 있을까? 아리스토텔레스는 그곳에 하나의 천구가 더 있다고 생각했다. 이 천구의 역할은 스스로 회전

● **천구**
우주를 둘러싸는 가상의 구. 천체의 시위치(視位置)를 정하기 위해 관측자를 중심으로 반지름 무한대의 구면(球面)을 설정하고, 옛날에는 천구가 실재한다고 믿었다.

하면서 그 아래 천구들에게 회전 운동을 전달해주는 것이다. 아리스토텔레스는 원인 없는 운동이란 없다고 믿었으므로, 천구들이 움직이려면 그 바깥쪽 천구가 자신의 회전 운동을 안쪽으로 전달해주어야 한다고 생각했다. 그런데 이런 식으로 생각하면 천구의 개수는 무한히 늘어날 수밖에 없다. 아무리 천구의 개수를 늘려도 맨 바깥 천구의 운동을 설명하기 위해서는 그 바깥에 천구를 하나 더 설정해야 하기 때문이다. 따라서 아리스토텔레스는 "항성 천구 바깥의 천구는 다른 천구와는 달리 스스로는 움직이지 않지만 다른 천구가 움직이도록 할 수 있다"는 예외적인 이론을 만들어낼 수밖에 없었다. 그리하여 맨 바깥쪽 천구는 '다른 천구를 움직이지만 스스로는 움직이지 않는 것the Unmovable Mover', 또는 '원동자元動者, the Prime Mover'라고 불리게 되었다.

"그러면 원동자의 밖에는 무엇이……?"라고 물어보고 싶겠지만, 그런 질문은 아리스토텔레스에게 성립하지 않았다. 그에게

> 📜 **왜 '유리 천구'라고 하지 않고 '수정 천구'라고 했을까?**
>
> 불변의 천체를 싣고 있는 천구가 깨지기 쉬운 유리보다는 튼튼한 수정으로 되어 있다고 하는 것이 더 이치에 맞을 것 같아 그랬을지도 모른다. 하지만 '당시 사람들은 유리가 무색 투명하다고 생각하지 않았기 때문'이라는 말이 더 적절할 것이다. 근대 이전에는 유리 속의 불순물을 태워버릴 정도로 높은 온도를 내는 기술이 발달하지 않았기 때문에, 무색 투명한 유리를 만들 수 없었다. 박물관에서 보는 오래된 유리 공예품들이 갈색이나 녹색을 띠고 있는 것은 일부러 색을 내서라기보다는 대개 불순물 때문이다.

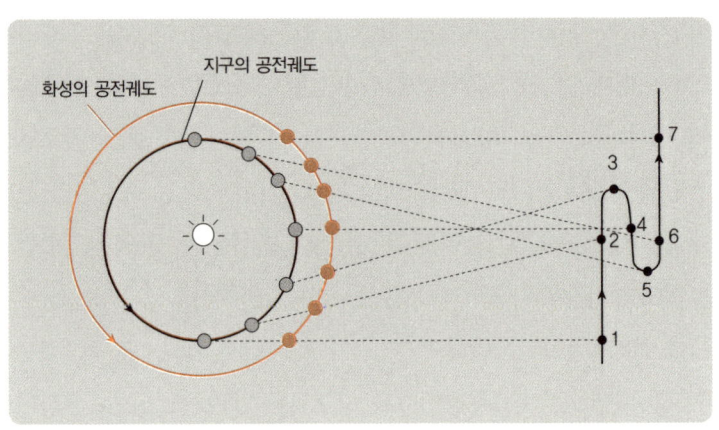

화성의 역행(逆行) | 지구의 공전 속도가 화성보다 빠르기 때문에, 지구와 화성이 가까이 움직이는 그림의 3~5 구간에서는 지구가 화성을 잠시 추월하게 된다. 그 결과 지구에서 바라보면 화성이 운동 방향을 바꾸어 거꾸로 가는 것처럼 보인다. 지구와 화성의 거리가 다시 멀어지는 6부터 화성은 다시 순행한다.

는 원동자가 우주의 '끝'이므로, 그 밖에는 어떤 공간도 생각할 수 없고 '원동자의 밖'이라는 생각 자체가 논리적 오류이기 때문이다. 아리스토텔레스가 우주가 유한하다고 생각한 또 하나의 이유는 '지구가 우주의 중심'이라는 그의 믿음 때문이다. '우주의 한가운데'라는 생각은 논리적으로 우주가 유한하다는 전제가 있어야 성립할 수 있다. 끝없는 우주라면 '가운데' 따위도 없을 것이기 때문이다.

물론 이것은 알기 쉽도록 매우 간단히 설명한 것이고 아리스토텔레스가 이야기한 우주의 모습은 이보다 훨씬 복잡했다. 행성의 복잡한 운동을 설명해야 했기 때문이다. 지구 중심의 우주 구조론에서 가장 골치 아픈 문제는 지표면에서 바라보았을 때 행성들이 균일하게 움직이지 않는다는 사실이었다.

오른쪽의 그림과 같이 지구에서 바라본 화성은 동쪽에서 서쪽으로 움직이는 듯하다가 점점 속도가 느려지더니, 며칠이 지나면 거꾸로 서에서 동으로 움직이다가(역행), 다시 방향을 바꾸어 동쪽에서 서쪽으로 자리를 옮기기 시작한다(순행). 오늘날과 같이 지구와 화성이 모두 태양을 중심으로 돌고 있다고 생각하면 이와 같은 '겉보기 운동'은 어렵지 않게 설명할 수 있다.

그러나 지구를 우주의 중심으로 생각했던 이들은 복잡한 겉보기 운동을 설명하기 위하여 서로 다른 운동을 하는 여러 개의 천구를 상상했다. 예를 들어 에우독소스^{Eudoxos, BC 408?~358?}는 하나의 행성은 네 겹으로 된 천구의 맨 안쪽에 붙어 있다고 주장했다. 가장 바깥의 천구는 하루에 한 바퀴씩, 그 안쪽의 천구는 행성의 공전주기 동안 한 바퀴씩 돈다. 지구에서 바라보는 관측자는 이 때문에 행성이 매일 뜨고 지는 것을 볼 수 있으며, 하늘을 조금씩 가로질러 같은 자리로 다시 되돌아오는 것을 볼 수 있다. 이것은 오늘날의 개념으로는 각각 행성의 일주운동^{日週運動}과 회합^{會合}에 해당한다. 그리고 세 번째 천구와 행성이 붙어 있는 네 번째 천구는 회전축이 서로 어긋나 있으며 반대 방향으로 회전한다. 그 결과 지구 상의 관측자의 눈에는 두 개의 천구 운동이 합성된 결과가 보이게 되는데, 그것은 오른쪽 그림처럼 숫자 '8'과 비슷한 모양이 된다. 이 8자 모양의 궤적을 바깥쪽의 두 천구의 운동과 합성하면 역행과 순행을 반복하는 행성의 궤도를 얻을 수 있다는 것이 에우독소스의 생각이었다.

아리스토텔레스는 에우독소스의 우주구조론을 받아들이는 한편, 그 체계의 이미 알려진 문제점을 해결하고자 나름대로 노력했다. 일정한 속도로 회전하는 천구들을 조합하여 행성의 복잡한 겉보기 운동을 설명하려는 이와 같은 시도는 대단히 까다로운 작업이었다. 특히 여러 행성을 한꺼번에 늘어놓고 생각하면, 문제는 계산이 불가능해질 정도로 복잡해진다. 한 행성의 운동이 위아래에 있는 다른 행성의 운동에 영향을 미칠 수

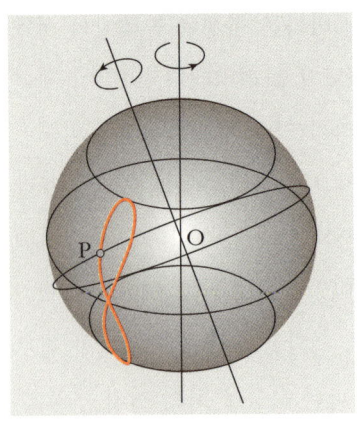

에우독소스가 생각한 행성의 세 번째와 네 번째 천구의 운동. 두 천구의 운동의 효과를 합치면 중심(지구)에 있는 관측자의 눈에는 그림과 같이 '8' 자 모양의 궤적이 보인다.

있기 때문이다. 그래서 아리스토텔레스는 '행성과 행성 사이마다, 위 행성의 움직임이 아래 행성에 영향을 미칠 수 없도록 반대 방향으로 돌아 그 효과를 차단하는 천구가 있다'는 생각까지 했다. 결과적으로 아리스토텔레스가 생각한 우주는 에우독소스가 생각한 것(27개)보다 배로 많은 천구를 가지게 되었다. 우리 눈에 보이지 않아 눈치 채지 못할 뿐이지, 우주는 60개가 넘는 거대한 수정 천구들이 양파 껍질처럼 켜켜이 쌓인 채 쉴 새 없이 맞물려 돌아가는 빡빡한 곳이 되어버린 셈이다.

수정 공으로 가득 찬 우주라니! 게다가 눈에는 보이지도 않는 거대한 수정 천구가 오로지 우리 눈에 보이는 행성의 종잡을 수 없는 궤적을 그려내기 위해 열심히 돌고 있다니! 아리스토텔레스의 우주론은 오늘날 우리의 생각에는 황당해 보인다. 하지만 지금까지 살펴본 아리스토텔레스는 아무 까닭도 없이 이런 이야

기를 할 사람은 아니다. 아리스토텔레스가 이런 결론을 내려야 했던 데는 나름대로의 사정이 있었다.

오늘날 우리에게는 '우주론'이라는 말이 꽤 낯설다. 우주론이란 말을 들으면 '아, 아마도 천문학의 한 분야겠군' 하고 생각하는 정도일 것이다. 오늘날의 천문학에서는 우주, 특히 태양계의 구조에 대해서는 주요한 사실을 거의 모두 밝혀냈으므로 태양계가 어떻게 생겼느냐 하는 문제는 별반 관심거리가 되지 않는다. 하지만 근대 이전에는 우주가 어떻게 생겼는지에 대해 통일된 이론이 없었던 만큼 우주론은 엄연히 자연철학의 한 분야로 인정받았다. 우주론은 우주의 구조를 논하는 학문이었고, '천문학'은 천체의 움직임을 관측하고 기록하며 그것을 토대로 천문현상을 예측하는 학문이었다. 여기서 눈여겨볼 만한 사실은 천

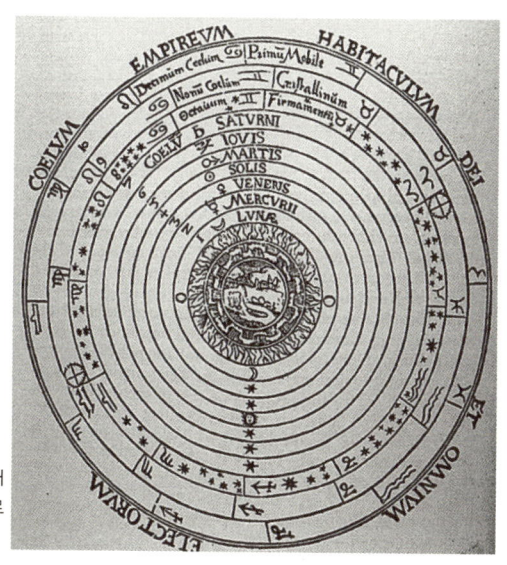

아리스토텔레스는 우주가 60개가 넘는 거대한 수정 천구로 구성되어 있다고 여겼다.

문학이 우주론과 전혀 별개로 발전할 수도 있다는 점이다. 예를 들어 고대 이집트와 메소포타미아에서는 대단히 꼼꼼하게 천문 현상을 기록했으며 일식과 월식 등을 예측할 수 있었지만, 그들의 우주론은 "하늘의 여신이 땅 위에 엎드려 있고 그의 몸에 별이 붙어 있으며……"라는 식의 소박한 것에 머물러 있었다. 따지고 보면 천문학자들은 우주가 어떻게 생겼을지 고민할 필요가 없었다. 매일매일 천체가 뜨고 지는 시간만 꾸준히 기록하더라도, 수십, 수백 년의 관측 기록이 쌓이면 대부분의 천문 현상을 정확히 예측할 수 있기 때문이다. 따라서 천문학자들에게 중요한 것은 '계산이 잘 들어맞는 우주 모형'이지 '상식과 경험에 맞는 모형'이 아니었다.

하지만 자연철학자들은 다르다. 이들은 어디까지나 상식과 경험에 바탕을 두고 우주 모형을 그려내야 했다. 이들의 목적은 '계산하는 것'이 아니라 '세상을 설명하는 것'이기 때문이다. 에우독소스 이래 많은 자연철학자들이 수정 천구 이론에 매달려 그것을 다듬었던 것은, 그것 말고는 상식 수준에서 이해할 수 있는 우주구조론을 찾지 못했기 때문이다. 해와 달과 별들이 허공에 떠 있다고 말하면 누가 믿겠는가? 천체들이 어딘가에 매달려 있으리라는 생각은 사실 천체들이 허공에 떠 있으리라는 생각보다는 상식적으로 훨씬 받아들이기 수월한 것이었다.

다만 남은 문제는 '상식적인' 수정 천구 이론과 '상식적으로 이해하기 어려운' 행성의 운동을 조화시키는 일이었다. 에우독소스 이래 여러 자연철학자들이 수십 개의 천구를 교묘하게 조합하여 천문학자들의 관측 기록에 들어맞도록 행성의 운동을 설명하고자 했다. 비록 완벽하게 성공하지는 못했지만, 아리스토텔레스도 그렇게 노력했던 이들 가운데 한 명이었다. 많은 한계가 있음에도 아리스토텔레스의 우주론이 평가를 받아야 할 점은, 천문학적 관측 기록과 우주론적 통찰을 조화시키려고 노력했다는 점이다. 비록 결과적으로는 억지스런 이론이 되었지만, 아리스토텔레스는 당시까지 알려진 관측 기록을 천구 이론으로 설명하기 위해 많은 공을 들였다. 그리고 그것은 어느 정도 성공했으며, 그의 우주론은 이후 1천여 년이 넘도록 유럽과 중동 등에서 받아들여졌다.

그런데 이 많은 천구들은 어디에서 힘을 얻어 움직이는 걸까? 누가, 또는 무엇이 이 커다란 천구들을 쉬지 않고 돌게 하는 것일까? 여기에 대한 답을 얻기 위해 이제 아리스토텔레스의 운동 이론으로 넘어가보자.

자연스런 운동: 자신의 자리로 돌아가라

아리스토텔레스의 물질 이론과 우주구조론은 다시 그의 운동론과 밀접하게 연결된다. 아리스토텔레스의 운동론은 요즘 사람들의 눈에는 두 가지 점에서 매우 독특하다. 첫째로, 아리스토텔레스는 '운동^{motion}'이라는 단어를 오늘날 우리가 생각하는 것보다는 훨씬 넓은 의미로 썼다는 점을 알아둘 필요가 있다. 그에게 운동은 '목적인이 실현되는 과정'을 뜻했다. 따라서 화살이 날아가 과녁에 꽂히는 것은 물론, 통에 넣어둔 포도즙이 포도주가 되는 것, 파란 나뭇잎이 가을이면 노랗게 물드는 것, 도토리가 자라 참나무가 되는 것, 어린아이가 자라 어른이 되는 것 등 오늘날 우리가 '변화'라는 말로 표현할 법한 많은 현상들이 아리스토텔레스에게는 모두 운동의 일종이었다. 아리스토텔레스 식으로 생각하면 물리적 현상뿐 아니라 발효나 부패 같은 화학적 현상, 또 생명체가 자라나고 늙어 죽는 생물학적 현상도 모두 '운동'이 된다. 하지만 이야기가 너무 복잡해지므로 일단 여기서는 오늘날 우리가 사용하는 것과 같은 뜻의 운동, 즉 '물체가 위치를 옮기는 현상'으로서의 운동에 대해서만 이야기해보자.

아리스토텔레스 운동론의 두 번째 특징은, 그가 '위치를 옮기는 운동'도 두 가지로 나누어 생각했다는 점이다. 그는 위치를 옮기는 운동에 '자연스런 운동'과 '강제된 운동'이 있다고 생각했다. 자연스런 운동이란 특별한 힘을 주지 않아도 '저절로' 일어나는 운동을 말한다. 돌멩이가 땅으로 떨어지는 것, 폭포수가 아

아리스토텔레스의 '자연스런 운동'

오늘날 우리는 아리스토텔레스가 '자연스런 운동'이라고 부른 것들도 사실은 우리가 느끼지 못하고 있다 뿐이지 모두 외부로부터 힘을 받아 이루어진다는 점을 알고 있다. 천체의 원운동은 만유인력이 구심력으로 작용하기 때문이고, 돌멩이나 물이 지구 중심 방향으로 떨어지는 것은 만유인력 때문이며, 불꽃이 하늘을 향해 타오르거나 냄새가 멀리 퍼져 나가는 것은 밀도차에 의한 확산현상 때문이다. 자연스런 운동과 강제된 운동의 구분이 완전히 깨지고 모든 운동의 변화를 힘의 크기에 따라 설명할 수 있게 된 것은 뉴턴이 운동의 3가지 법칙을 확립한 뒤의 일이다.

래로 떨어지는 것, 불꽃이 하늘로 넘실대며 타오르는 것, 냄새가 사방으로 퍼져 나가는 것 등이 모두 아리스토텔레스가 말하는 자연스런 운동이다. 이런 운동이 '자연스런' 까닭은, 물질을 구성하는 원소들이 원래의 자기 자리로 돌아가려고 일어나는 운동이기 때문이라는 것이 아리스토텔레스의 설명이다. 여기서 그의 운동론, 우주론, 물질 이론은 하나로 만난다. 흙과 물의 제자리는 우주의 중심, 즉 지구의 중심이므로, 흙과 물의 원소가 많이 들어 있는 물체들은 주변에서 방해하지 않고 가만히 놓아두면 제자리를 향해 움직여간다. 반면 공기와 불의 제자리는 달의 천구 바로 아래이므로, 공기와 불의 원소로 이루어진 물체들은 주변에서 방해하지 않으면 역시 제자리를 향해 올라간다. 모든 물체는 네 가지 원소가 일정한 비율로 섞여 이루어져 있으므로 4원소의 비율에 맞는 제자리가 있다. 그 제자리를 향해 나아가는 것이 바로 자연스런 운동이다.

 지구 상의 물체들이 제자리를 찾아가는 운동은 위 또는 아래로 움직이는 것이므로 항상 직선 운동이 된다. 그렇다면 하늘의 해, 달, 별들이 원운동을 하는 것은 어떻게 설명할 수 있을까? 아리스토텔레스가 '지상과 천상이 근본적으로 다른 원소로 이루어져 있다'고 생각했다는 사실을 다시 한 번 떠올려보자. 지상의 4원소는 생성과 소멸, 변화를 거듭하며 시작과 끝이 있는 직선 운동을 한다. 반면 천상계의 원소인 에테르는 변화하지도, 생겨나거나 사라지지도 않는다. 따라서 에테르의 자연스런 운동은 그 본성에 걸맞게, 시작도 끝도 없으며 언제까지나 지속될 수 있는 운동이라고 생각하면 아귀가 잘 들어맞지 않을까? 그런 운동은 무엇이 있을까? 시작도 끝도 없는 운동, 바로 원운동이다. 아리스토텔레스는 제5원소인 에테르가 외부의 방해가 없으면 자연스레 원운동을 계속하는 원소라고 주장했다. 이러한 논리로 아리스토텔레스는 돌은 아래로 떨어지고, 불꽃은 위로 타오르고, 하늘의 별은 원운동을 하는 까닭을 모두 설명할 수 있었다.

아리스토텔레스의 이론은 이처럼 물질 이론, 우주론, 운동론이 서로가 서로의 근거가 되며 밀접하게 맞물려 있다. 오늘날의 논리학의 잣대로는 '순환 논증의 오류'에 빠져 있다고 비판할 수도 있을 것이다. 하지만 이렇게 여러 이론이 밀접하게 맞물려 있는 체계를 논박하려면 그에 걸맞은 원대한 이론 체계를 대안으로 내놓아야 한다. 아리스토텔레스의 이론이 1천여 년 동안 살아남은 것은 그것이 웬만한 사람들로서는 논박할 엄두를 낼 수 없을 만큼 정확히 맞물려 있기 때문이다.

한편 강제된 운동은 인위적인 힘을 주어 일어나는 운동이다. 활시위를 당겨 화살을 쏘아 보내거나 돌멩이를 하늘로 던져 올리는 것 등이 대표적이다. 아리스토텔레스는 강제된 운동은 운동하는 물체의 본성을 거스르는 것이므로 오래 지속될 수 없으며, 하늘로 던져 올린 돌멩이와 같은 물체는 곧 강제된 운동을 끝내고 자연스런 운동으로 되돌아오게 된다고 생각했다. 이 생각에 따르면 돌멩이, 화살, 포탄 등은 처음에 힘을 받은 방향으로 잠깐 날아가다가 이내 자연스런 운동을 하게 된다. 다시 말해서 아래로 뚝 떨어지게 되는 것이다.

이런 설명은 사실 우리가 일상생활에서 경험하는 바와는 잘 맞지 않는다. 게다가 또 다른 궁금증을 자아낸다. 강제된 운동의 효과는 언제, 어떻게 사라지는가? 아니, 그 효과는 어떻게 잠시나마 지속될 수 있는가? 돌멩이가 손을 떠난 뒤에도, 화살이 활시위를 떠난 후에도 잠깐 동안은 계속 위로 날아가는 까닭은 무엇일까? 아리스토텔레스도 물론 자신의 설명이 이런 궁금증을 불러일으키리라는 것은 알고 있었다. 그는 공기가 그 열쇠를 쥐고 있다고 주장했다. 활시위를 떠난 화살을 예로 들면 화살이 날아가면서 공기를 가르면 그 공기가 화살의 뒤로 돌아들어 가 화살이 지나간 빈 자리를 메우면서 화살을 앞으로 밀어낸다는 것이다. 그리고 화살은 날아가면서 끊임없이 공기와 마찰을 일으키고, 그 마찰 때문에 화살이 활시위로부터 받았던 위로 날아오르게 만드는 힘은 차츰 소모되어 결국 화살은 자연스런 운동을 하게 된다고 아리스토텔레스는 생각했다. 사실 그의 생각은 앞

아리스토텔레스의 운동 이론을 신봉하는 이들은 포탄이 위의 그림과 같은 모습으로 날아갈 것이라고 설명했다. 물론 그들도 한두 번만 포탄이 날아가는 모습을 보면 이 설명이 어딘가 이상하다는 것을 알 수 있었겠지만 더 나은 설명을 찾지 못해 어쩔 수 없었을 것이다.

뒤가 맞지 않는다. 화살을 앞으로 밀어내는 역할을 하는 공기가 동시에 화살의 운동을 줄이는 역할을 한다니? 스승 플라톤이 수학을 너무 중히 여긴 나머지 현실 세계의 상식과 경험을 무시했다면, 아리스토텔레스는 상식적인 설명에 만족하다 보니 자신이 알아낸 바를 수식의 형태로 일관성 있게 표시하는 데는 좀 서툴렀던 것 같다. 그래서 아리스토텔레스의 글 가운데는 이처럼 정리해놓으면 서로 앞뒤가 맞지 않는 설명도 종종 보인다. 이 점은 이슬람 세계의 철학자들과 중세 유럽의 학자들에게도 이상하게 보였던지, 뒷날 이 점을 보완하기 위한 여러 가지 이론들이 선을 보였다.

한편, 아리스토텔레스는 공기가 날아가는 화살의 운동을 방해한다는 생각을 확장하여 "매질이 성글수록 그 매질을 지나는 물체는 빨리 움직인다"는 이론을 세웠다. 공기와 같이 밀도가 낮은 매질 속에서 돌멩이를 아래로 떨어뜨리면, 물이나 기름처럼 밀도가 높은 매질 속에서보다 더 빨리 떨어진다는 것이다. 매질의 저항이 물체의 운동 속도를 좌우할 수 있다는 것은 오늘날의 물

📜 자연은 진공을 허용하지 않는다

"자연은 진공을 허용하지 않는다." 물론 이것은 오늘날의 물리학에서 보면 잘못된 설명이다. 물체의 운동 속도는 그 물체가 받는 힘에 의해 결정된다. 저항은 힘을 받아 운동하는 물체의 속도를 떨어뜨릴 수는 있지만, 저항이 전혀 없다고 해도 물체는 그것이 받은 힘에 걸맞은 속도로만 움직인다. 자동차를 운전할 때 브레이크를 푼다고 차가 저절로 움직이지는 않는 것과 마찬가지다.

리학에서도 잘 알려진 사실이다. 그런데 아리스토텔레스는 거기서 한발 더 나아가 매질의 밀도와 물체의 운동 속도가 반비례한다고 주장했다. 밀도가 두 배로 높아지면 운동 속도는 절반이 되고, 반대로 밀도가 반으로 낮아지면 두 배로 빨리 운동한다는 것이다. 여기서 뜻밖의 결론이 하나 도출된다. 바로 '진공은 있을 수 없다'는 것이다. 진공은 아무것도 없이 텅 비었다는 뜻이므로 매질의 밀도는 0이 된다. 매질의 밀도가 낮아질수록 물체가 빨리 운동한다면, 매질의 밀도가 0이 되면 물체는 무한히 빠른 속도로 움직인다는 결론이 나온다. 이런 일은 있을 수 없으므로 "자연은 진공을 허용하지 않는다"고 아리스토텔레스는 주장했다. 이 주장은 그 뒤 2천 년 가까이 사실로 여겨졌다.

운동에 대해 한 가지 더 이야기하자면, 앞서 말했다시피 아리스토텔레스가 생각한 '운동'은 '목적인이 실현되는 과정'이었다. 물리적인 변화뿐 아니라 화학적, 생물학적인 변화도 포함하는 폭넓은 개념이었다. 따라서 아리스토텔레스에게는 동식물의 한살이 또한 자신의 목적인(성체가 되어 자기 사명을 다하는 것)을 향해 나아가는 운동이었다.

왜 사냐건 '텔로스'라 하지요

아리스토텔레스는 동식물이 자신의 목적인(그리스어로는 텔로스telos)을 의식하면서 살아간다고는 생각지 않았다. 그가 보기에는 인간만이 자기 행위의 목적을 올바로 인식하고 있으며, 자연은

목적인을 따라 움직이기는 하지만 그것을 의식할 수는 없었다.

하지만 목적인을 의식하고 있든 그렇지 않든, 이 세상의 모든 사물은 그것을 따라가도록 되어 있다. 그렇다면 생물들이 살아가는 목적은 무엇인가? 도토리의 목적인은 참나무가 되는 것이고, 강아지의 목적인은 어미개가 되는 것이다. 그렇다면 참나무가 되고 어미개가 되는 것은 또 무엇을 위해서인가? 아리스토텔레스는 이에 대해서 '자연 속에서 자신의 자리를 찾아가는 것'이라고 설명했다. 아래로 떨어지는 돌멩이나 위로 솟는 불길이 우주 안에서 자신의 자리를 찾아가는 것이라는 그의 운동론과도 맥을 같이하는 주장이다. 그러고 보면 아리스토텔레스는 '제자리'를 찾는 걸 무척이나 중요하게 생각했던 모양이다.

그러면 '자연 속에서 자신의 자리'란 무엇인가? 아리스토텔레스는 모든 사물 사이에는 엄격한 위계질서가 있다고 생각했다. 무생물은 의식이 없는 존재로 가장 낮은 자리를 차지하고 있다. 생물 가운데는 단순한 생명체보다 복잡한 생명체가 더 높은 자리를 차지한다. 고사리나 이끼보다는 꽃을 피우는 나무가 더 높은 자리를 차지한다. 또 털이 없는 동물보다 털이 있는 동물이, 알을 낳는 생명체보다 새끼를 낳는 생명체가 더 높은 자리를 차지한다. 그가 생각한 이와 같은 위계질서는 뒷날 '자연의 사다리 Nature's Ladder'라고 불리게 되었다. 식물-연체동물-어류-파충류-조류-포유류-인간의 순서로 동물들을 분류한 그의 체계는 오늘날의 진화론을 생각나게 한다. 하지만 한 종種이 다른 종으로 변할 수 있다는 진화론의 주장과는 달리, 아리스토텔레스의 사다리에서는 위아래로 오르내리는 것은 불가능했다. 모든 생명체는 자기의 자리를 지키면서 그 자리에 알맞도록 스스로의 '텔로스'를 향해 한발한발 나아갈 뿐이다. 이와 같이 아리스토텔레스가 생각한 세계 속에서는 모든 사물이 자신의 목적인을 실현하기 위해 살아가고 있다. 그에게 이 세계는 그냥 그렇게 흘러가는 것이 아니라, 무언가를 이루어내기 위해 움직이고 있는 것이었다. 이런 점에서 그의 자연관은 '목적론적 teleological' 자연관이라고

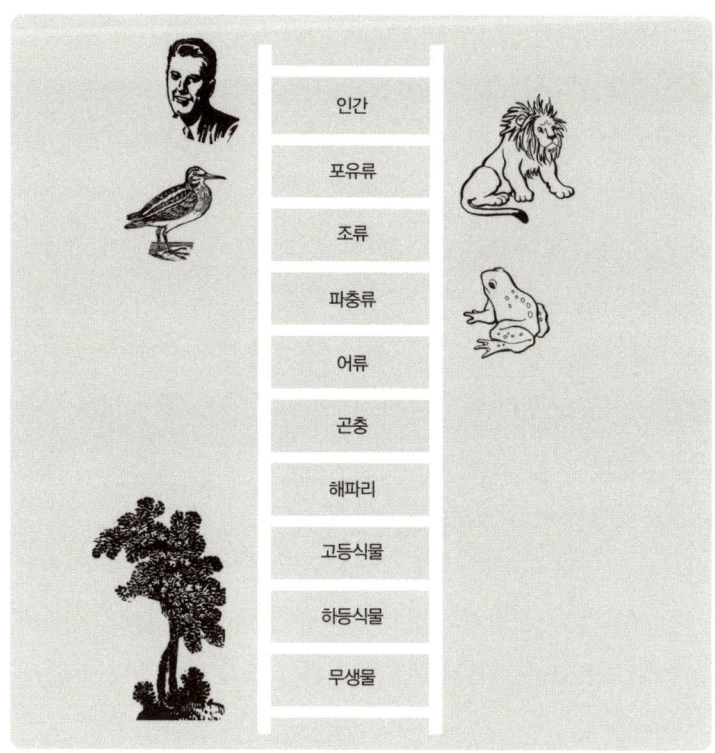

아리스토텔레스는 수많은 종류의 생물을 관찰한 끝에 이들이 모두 '자연의 사다리'에서 한 자리씩을 차지하고 있다고 생각했다. 생물들이 나고 자라는 목적은 성체가 되어 '자연의 사다리'에서 각자의 자리를 찾아가기 위한 것이라는 게 그의 생각이었다.

불린다.

하지만 아리스토텔레스가 목적인에만 매달려 모든 것을 '제 논에 물 대기'식으로 해석한 고집불통은 아니었다. 그랬다면 그의 생물학 이론이 2천 년 가까이 한결같은 존경을 받을 수는 없었을 것이다. 아리스토텔레스의 생물학이 명성을 얻었던 가장 큰 이유는 목적인과 같은 철학적 개념 때문이 아니라 그의 꼼꼼하고도 폭넓은 관찰기록 때문이었다. 아리스토텔레스는 수십 년 동안 온갖 동식물을 꼼꼼히 관찰하고, 그들을 형태와 특성에 따라 분류하여 사다리에 칸칸이 배치했다. 그의 생물학 저술에 등장하는 동물은 물고기 약 120종, 곤충 60종을 포함하여 모두 5백 종이 넘는다. 그 결과 그가 만들어낸 동식물 분류의 기준과 범주는 오늘날의 시각으로 보아도 놀랄 만큼 치밀한 것이었다. 뿐만 아니라 그는 동물을 해부하고 관찰하여 여러 가지 새로운 사실을 밝혀냈다. 그중 어떤 것들은 19세기에 이르러서야 옳다는 것이 밝혀져 사람들을 탄복시키기도 했다. 성게의 입 부분에서 그가 발견한 소기관은 오늘날에도 '아리스토텔레스의 등불'이라는 이름으로 불린다.

생물학에서 아리스토텔레스가 거둔 업적은 한 개인이 남긴 것이라고는 믿기 어려울 만큼 방대한 것이었다. 또 기존의 선입견에 얽매이지 않고 직접 관찰과 해부를 통해 얻은 지식을 신뢰하는 그의 태도는 상식과 경험을 중시하는 그의 장점을 다시 한 번 일깨워준다.

아리스토텔레스의 덕목

아리스토텔레스와 같은 팔방미인을 한마디로 평가하기는 어렵다. 하지만 그의 자연철학에서 가장 중요한 낱말을 하나 꼽으라면 '왜'를 들 수 있을 것이다. 아리스토텔레스는 왜 물은 끓으면 공기가 되어 날아가는지, 왜 별들은 영원히(아리스토텔레스는 그렇게 생각했다) 빛나는지, 왜 돌멩이는 아래로 떨어지는지, 왜 도토리는 참나무가 되는지 설명하고자 했다. 이들 질문에 대해 그가 내세운 답은 '그렇게 되어야 할 목적이 있기 때문에'라는 것으로 요약할 수 있다. 그는 물질 세계, 우주, 생명계를 모두 아우르는 원대한 이론을 세워 그것들을 송두리째 설명하고자 했으며, 후세의 학자들은 그 이론의 원대함에 매료되었다.

물론 아리스토텔레스의 자연철학은 여러 가지 한계를 안고 있었다. 그의 스승 플라톤이 수학을 지나치게 중요히 여겨 관찰과 경험을 등한시한 것과 반대로, 아리스토텔레스는 현상을 관찰하여 기록하는 데에는 능했지만 그것을 수학이라는 언어로 표현하지는 않았다. 근대 과학의 가장 중요한 특징 중 하나가 수학을 그 언어로 사용한다는 점이라는 것을 생각해볼 때, 그의 자연철학은 근대 과학과는 여러모로 다른 것이 될 수밖에 없었다. 특히 그의 운동 이론은 수학을 전혀 사용하지 않았으므로 여러모로 부정확한 것이었다. 또 그의 자연철학의 가장 큰 특징인 목적론도, 기독교가 지배하던 중세 유럽에서는 좋은 평판을 얻었지만, 중세 이후 학자들에게는 많은 비판을 받았다.

그러나 아리스토텔레스가 과학을 한 단계 발전시킨 위대한 학

자라는 사실은 누구도 부인할 수 없다. 플라톤이 수학과 합리적 사고의 중요성을 일깨웠다면, 아리스토텔레스는 자연을 탐구하려면 부지런히 손발을 놀려야 한다는 점을 일깨웠다. 아리스토텔레스의 이론은 경험과 상식에 바탕을 둔 것이기에 설득력을 가질 수 있었다. 선입견에 얽매이지 않고 경험과 상식에 충실할 것, 그것은 오늘날에도 과학자가 가져야 할 중요한 덕목의 하나로 남아 있다.

만남 4

자연철학의 보물창고, 이슬람 과학

아리스토텔레스의 후예들

그리스, 소아시아, 이집트, 페르시아를 비롯해 인도 바로 옆까지 미치는 대제국을 건설한 알렉산드로스 대왕은 32세의 젊은 나이로 세상을 떠났다. 그가 너무나 광대한 영토를 남기고 일찍 세상을 떠난 탓에 제국은 사분오열되었고 유명한 장군들이 저마다 스스로 왕좌에 올랐다. 이후 새로이 일어난 로마 제국이 지중해 문명의 패권을 장악할 때까지 약 3백 년 동안을 '헬레니즘 시대'라고 일컫는다.

알렉산드로스가 세상을 떠난 이듬해 아리스토텔레스도 쓸쓸히 세상을 떠났다. 그러나 아리스토텔레스가 떠난 뒤에도 리케이온은 남아 있었다. 아리스토텔레스의 제자들이 그곳을 지키고 있었기 때문이다. 아리스토텔레스의 뒤를 이어 리케이온을 이끈 사람은 그의 친구이자 수제자였던 테오프라스토스^{Theophrastos, BC}

372?~287?였다. 아리스토텔레스가 동물학에서 커다란 업적을 남겼다면 테오프라스토스는 식물학에서 그와 견줄 만한 업적을 남겼다. 그는 《식물지植物誌에 대하여》라는 책에서 자신이 수집한 것은 물론, 주변 사람들이나 먼 곳에 다녀온 나그네로부터 전해 들은 식물 등을 합하여 모두 550종 가까운 식물에 대한 기록을 남겼다. 이 식물들은 서쪽으로는 대서양 연안에서부터 동쪽으로는 지중해를 지나 인도 지방까지 이르는 넓은 지역에 걸쳐 서식하는 것들이었다. 테오프라스토스는 이 많은 식물들을 관찰하면서 체계적인 식물 분류 방법을 고안해냈다. 겉씨식물과 속씨식물, 외떡잎식물과 쌍떡잎식물 등의 분류 기준을 처음으로 마련하고 그 기준을 상세하게 설명한 것도 바로 그의 업적이다.

한편, 헬레니즘 시대에 그리스 자연철학은 더 널리 퍼져 나갔다. 알렉산드로스는 광활한 제국 곳곳에 자신의 이름을 따 '알렉산드리아'라는 도시를 건설했다. 알렉산드리아는 오늘날 발견된 것만 25곳에 이르는데, 그중 이집트의 알렉산드리아가 가장 크고 화려했던 것으로 알려져 있다. 알렉산드로스의 부하 장수였던 프톨레마이오스 1세 Ptolemaios I, BC 367~283는 알렉산드로스가 죽고 나서 이집트 일대를 지배하게 되자 자기 나라의 학문을 발전시키려는 뜻에서 알렉산드리아에 장대한 도서관과 함께 '무세이온Museion'이라는 기관을 세웠다. 무세이온은 그리스 신화에 나오는 학문과 예술의 여신인 '무사 musa'

● **무사**
우리에게는 뮤즈(Muse)로 더 잘 알려져 있는 학문과 예술의 여신. 제우스와 므네모시네 사이에서 9명의 무사가 태어났다고 전해진다. 보통 복수인 무사이(Musai)로 알려져 있지만 옛날에는 그 수가 일정하지 않았다.

기려 지은 이름으로, 우리말로 옮기면 '학문과 예술의 집'쯤 될 것이다(오늘날 '박물관'을 뜻하는 영어 단어 '뮤지엄museum'이 여기서 비롯되었다). 왕은 무세이온에 이름난 학자들을 초빙했고 이들이 연구에 전념할 수 있도록 후원을 아끼지 않았다. 심지어 에라시스트라토스Erasistratos, BC 310?~250? 같은 의사들의 연구를 지원하기 위해 사형당한 죄수의 시신을 내주어 해부할 수 있도록 해줄 정도였다.

학문을 사랑하는 왕들의 지원 아래 헬레니즘 세계의 자연철학은 여러 분야에서 발전해나갔다. 수학 분야에서는 에우클레이데스Eukleides, BC 450~380가 이후 2천 년 가까이 절대적 권위를 가지게 된 《기하학 원론》을 남겼다. 또 다재다능한 수학자이자 기술자였던 아르키메데스Archimedes, BC 287~212는 '부력의 원리'와 '지레의 원리'를 발견했을 뿐 아니라, 여러 가지 기발한 기계 장치를 발명하기도 했다. 에라토스테네스Eratosthenes, BC 273?~192?는 소수素數를 가려내는 방법을 고안했으며, 비례를 이용하여 지구의 둘레를 계산했다. 아폴로니오스Apollōnios, BC 262?~200?, 히파르코스Hipparchos, BC 160?~125?, 프톨레마이오스Ptolemaeos, AD 85?~165? 등은 끈질긴 관측을 통해 천문학을 한층 정확한 학문으로 발전시켜나갔다.

하지만 정치적 혼란이 거듭되면서 리케이온도, 무세이온과 도서관도 모두 제 구실을 하지 못하게 되었다. 특히 리케이온이나 아카데메이아가 독자적인 재정을 꾸려나갔던 데 비해, 알렉산드리아의 도서관이나 무세이온은 왕의 개인적 후원에 절대적으로 의존하는 기관이었으므로 왕국이 허약해지면서 휘청거릴 수밖에 없었다. BC 30년을 전후하여 헬레니즘 세계는 새로이 일어난

에라토스테네스의 지구 둘레 측정법

지구가 우주의 중심에 있다는 천동설을 믿고 있던 에라토스테네스는 어느 날 책을 읽다가 '알렉산드리아 남쪽에 위치한 시에네에서는 일 년 중 낮의 길이가 가장 긴 하짓날 정오가 되면 사원의 돌기둥 아래 길게 드리워졌던 그림자가 없어지며 햇빛이 깊은 우물 바닥까지 다다른다'라는 문구를 발견했다. 사원의 돌기둥 그림자가 없어지고 깊은 우물 속까지 햇빛이 들려면 해가 지면에 거의 수직으로 내리쬐어야 한다고 생각한 에라토스테네스는 자신이 머물고 있는 알렉산드리아에서는 어떤지 관찰해보았다. 하지만 그곳에서는 돌기둥의 그림자가 짧아지기는 해도 없어지지는 않았다. 그 까닭을 한참 동안 생각한 에라토스테네스는 이런 차이가 생기려면 지구 표면이 곡선처럼 휘어 있어야 한다고 결론을 내렸다. 더불어 두 곳의 차이점을 이용하면 지구의 둘레를 잴 수 있을 거라고 생각했다. BC 240년경 하짓날, 에라토스테네스는 막대기를 수직으로 세우고 해가 뜨기만을 기다렸다. 다행히 날씨는 맑았고 서서히 동북쪽에서 붉은 해가 고개를 내밀었다. 시간이 지나면서 막대 그림자의 길이가 점점 짧아졌다. 해가 머리 위까지 올라가자 에라토스테네스는 바삐 움직이며 시시각각으로 변하는 그림자의 길이를 쟀다. 정오가 되는 시간은 그림자의 길이 측정값 가운데 가장 작은 값을 취하고 지면에서부터 막대 끝까지의 길이를 쟀다. 측정이 끝나자 태양 광선이 막대의 끝을 스쳐지나간 각도를 계산했다. 막대의 높이와 그림자의 길이는 이미 알고 있었기에 쉽게 계산할 수 있었다. 결과는 7도 12분. 시에나까지의 거리 측정은 이미 한 남자를 시켜 발걸음 수를 헤아리게 해 미리 측정해 놓았다.

$$7도\ 12분 : 360도 = 5000스타디아 : x$$

뙤약볕 아래서 땀을 뻘뻘 흘리며 계산하던 에라토스테네스가 함성을 질렀다. 25만 2천 스타디아! 지금 단위로 환산하면 약 4만km, 오늘날 첨단기구로 정밀하게 측정한 값(적도 방향 4만 75km, 남-북극 방향 4만 9km)과도 크게 차이 나지 않는다.

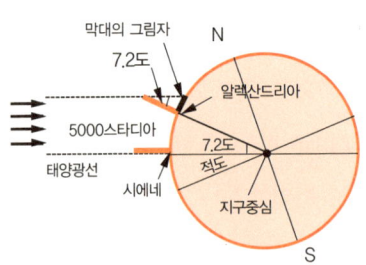

로마에 대부분 통합되었고, 헬레니즘 문명의 자연철학도 막을 내리게 되었다. 아르키메데스가 살던 도시국가 시라쿠사^{Syracusa}가 로마군에 함락되면서 그가 목숨을 잃은 사건은 한 시대의 종말을 상징적으로 보여준다.

로마 사람들은 기본적으로 군인이자 정치가였다. 따라서 철학에 큰 관심이 없었던 것은 어찌 보면 당연한 일이었다. 로마 제국 시대에 실용적인 기술은 높은 수준으로 발전했지만 자연철학은 크게 발전하지 못했다. 로마 사람들은 그리스와 헬레니즘 세계의 자연철학자들이 남긴 문헌을 그대로 읽기보다는 요약해서 백과사전 형태로 엮어놓은 책들을 읽곤 했다. 그 정도의 학문도 로마 제국이 쇠약해지자 더 이상 유지할 수 없었다. 로마 제국은 백성들을 통합하여 국운을 되돌리기 위해 기독교를 받아들였지만, 결국 395년 동로마와 서로마 제국으로 나뉘었고 476년 서로마 제국은 게르만족에 의해 멸망하고 말았다.

로마 제국이 무너지자 거듭되는 전란의 소용돌이 속에서 많은 책들이 불타거나 사라졌다. 기독교가 가르친 종교적 신념에 지나치게 충실했던 이들은 '이교도의 철학'을 담은 책들을 불사르고, 그것을 가르치는 이들 또한 처단하기도 했다. 415년, '이교도'에 대한 적개심으로 가득 찬 한 무리의 기독교인들은 알렉산드리아에서 가장 유명한 철학자이자 수학자였던 여성 학자 히파티아$^{Hypatiā, 370?~415}$를

● 히파티아

이집트 신(新)플라톤파의 대표적 철학자. 수학자·천문학자이던 테온의 딸로서 뛰어난 지적 재능과 달변, 품위, 미모를 두루 갖추어 따르는 제자들이 많았다. 플라톤, 아리스토텔레스 등에 대한 강의를 하다가 이교(異敎)의 선포자라 하여 기독교도에게 참살당하였다.

살해하고 시신을 토막 내 불살랐다. 도서관과 무세이온도 불에 타고 약탈당했다. 알렉산드리아는 7세기 이슬람의 지배 아래 들어갈 때 다시 한 번 파괴되었고, 학문의 중심지였던 빛나는 과거를 두 번 다시 회복하지 못했다.

AD 5세기, 유럽은 강한 정치 권력이 사라진 채 기독교 신앙이 지배하는 전혀 새로운 사회가 되었다. '이교도의 학문'인 자연철학은 이제 달라진 사회 안에서도 자신이 여전히 존재할 가치가 있음을 스스로 입증해야 했다.

'이교도의 철학' 길들이기

AD 303년 콘스탄티누스 황제는 기독교를 믿는 것을 허락했고, 10년 후인 313년에는 기독교를 국교로 삼고 자신이 교황을 겸하기에 이른다. 그 이전까지 3세기 가까이 기독교인들은 한편으로는 로마의 정치 권력에 의해 혹독한 박해를 당했으며, 다른 한편으로는 예수의 신성神性과 부활 같은 자신들의 핵심 교리를 놓고 다른 종교를 믿는 이들과 치열한 논쟁을 벌였다. 그 과정에서 기독교인들은 '이교도'의 학문과 종교에 대해 강한 반감을 품게 되었다. 특히 일체의 신비적 설명을 받아들이지 않는 그리스 철학자들은 매우 까다로운 상대였다.

기독교가 유럽을 지배하게 되자 기독교 지도자들은 한때 골치 아픈 적수였던 '이교도의 철학'을 어떻게 다루어야 할지 고민하게 되었다. 테르툴리아누스$^{\text{Tertullianus, 160-220}}$ 주교 같은 이는 그리스 철학이 '아주 변화무쌍한 진술, 아주 억지스러운 추측, 아주 융통성 없는 논쟁'들로 가득 차 있으며, 철학자들이 즐겨 사용한 논증 방법들은 '문제들을 다루기만 하지 결코 어떤 것도 해결하지 못하는' 쓸모없는 것이고, 아리스토텔레스는 그런 방법을 가르쳤던 '사악한 존재'일 뿐이라고 생각했다. 그는 그리스 철학이 사람들의 신앙심을 어지럽힐 뿐이므로 없애버리는 것이 상책이라고 주장했다. '예수 그리스도 이후에 더 이상 어떤 복잡한 이론도 필요하지 않고, 복음 이후에 더 이상 어떤 정확한 탐구도 필요하지 않기 때문'이라는 것이다.

그러나 모든 기독교인들이 테르툴리아누스처럼 앞뒤로 꽉 막혔던 것은 아니다. 무엇보다도 '이교도'들이 수백 년 동안 쌓아온 빛나는 학문적 업적은 신앙심만으로 무장한 기독교인들을 주눅 들게 하기 충분했다. 선교에 뛰어든 많은 기독교인들은 철학 교육을 많이 받은 교양 있는 '이교도'들에게 선교하기 위해서는 그들과 논쟁을 해서 이길 수 있는 능력을 갖추어야 한다는 점을 느끼게 되었다. 이들은 차츰 철학을 무작정 배척하기보다는 잘 길들여서 '신학의 시녀'로 삼는 편이 더 낫겠다는 생각을 하게 되었다. 뒷날 성인으로 추앙받은 아우구스티누스^{Aurelius Augustinus, 354~430}는 이와 같은 온건한 입장을 대변한다. 그는 기독교인들이 자연의 이치를 굳이 알 필요는 없지만, 철학에 능한 '이교도'들에게 그런 일로 꼬투리를 잡힌다면 선교에 방해가 될 터이니 약간의 지식은 알아두는 것이 좋다고 생각했다. 나아가 그는 고대 그리스에서부터 기초 교양 과목으로 가르쳤던 산수, 기하학, 천문학, 음악 등을 기독교인 학생들에게도 가르쳐야 한다고 주장

했다. 다만 말년에 마음이 바뀌었는지 죽기 몇 년 전에는 "과학과 기술은 기독교인에게 전혀 필요하지 않다"며 교양 과목을 권장했던 일을 후회하기도 했다.

이리하여 그리스에서 움튼 자연철학은 기독교 유럽에서 '신학의 시녀'로서 새로운 삶을 살아가게 되었다. '시녀'라는 말이 퍽 모욕적으로 들릴 수도 있겠지만 사실 신학의 시녀가 되는 것이 그다지 나쁜 일만은 아니었다. 혼란해진 유럽 사회에서 유일하게 존중받는 가치는 오직 기독교 신앙이었다. 따라서 신학만큼 든든한 울타리가 되어줄 수 있는 것도 없었던 것이다. 비록 제대로 된 교과서도 없었고, 학문의 교류도 사라졌지만, 자연철학은 수도원 담 안에 갇혀서나마 조금씩 가르치고 익혀졌다. 《구약성서》의 〈창세기〉에 나오는 천지창조와 같은 여러 가지 신기한 일들을 합리적으로 설명할 수 있을지 궁금해하는 수도사들도 생겨났고, 플라톤과 아리스토텔레스가 이 세계의 구조에 대해 어떻게 말했는지 알고 싶어하는 사제들도 생겨났다.

하지만 학문의 기반이 거의 사라진 유럽에서 자연철학의 연구는 제대로 이루어지지 못했다. 아리스토텔레스나 플라톤에 대해 알고 싶은 수도사가 있더라도, 그들의 책이 어디에 어떻게 보관되어 있는지도 모르는데 무엇을 어떻게 연구한단 말인가? 이들이 구할 수 있었던 것은 고작해야 "아리스토텔레스가 …… 라고 했다고 했다는 말을 들었다 카더라"는 식의 백과사전들뿐이었고, 그나마 대부분 원저자의 본뜻을 제대로 이해하지 못한 조악한 것들이었다. 이런 상황에서 학문의 발전을 기대하는 것은 무리였다.

그러면 그 많던 아리스토텔레스와 플라톤의 책은 어디로 갔을까? 알렉산드리아의 도서관은 불에 탔지만, 다른 곳의 도서관에 있던 책들은 어디로 갔을까? 누가 그 책들을 보았을까? 누가 아리스토텔레스의 사상을 이어받았을까? 여기서 우리는 과학사의 새로운 주인공을 만나게 된다.

이슬람, 일어서다

유럽 기독교도들의 달력(서기)으로 610년, 아라비아 반도의 도시 메카의 부유한 상인 하디자의 남편이었던 구도자 무함마드 Muhammad, 570?~632는 여느 때처럼 동굴 속에서 명상을 하던 중 잠이 들었다. 그런데 그의 귀에 별안간 천사의 목소리가 들려왔다. "읊으라! 창조주인 하느님(알라)의 이름으로 읊으라. 그 분은 인

이슬람교의 '하느님'

아랍어 '알라'란 '제우스'와 같이 어떤 특정한 신을 부르는 이름이 아니라, 히브리어 '야훼'와 마찬가지로 그 자체로 '유일신'이라는 뜻을 갖는 낱말이다. 따라서 '야훼신'이라고 하지 않는 것과 마찬가지로 '알라신'이라는 말은 이치에 닿지 않는다. 우리말로 옮길 때는 '야훼'와 마찬가지로 '하느님'이 가장 그 뜻에 가깝다(실제로 아랍어판 성서에는 '하느님(God)'이라는 낱말이 모두 '알라'로 번역되어 있다). 사실 이슬람에서는 아브라함, 모세, 솔로몬을 비롯한 성서의 예언자들을 모두 알라가 보냈다고 믿고 있다. 예수도 마리아가 처녀의 몸으로 낳은 예언자라고 믿지만, 하느님의 아들이 아니라 예언자 중 한 명으로 받아들이는 것이 다를 뿐이다.

간을 핏덩이에서 만들어내셨다. 너의 주님은 가장 관대하시고 글로써 가르치시며 인간이 알지 못하는 것을 깨우쳐주시기 때문이니라." 오늘날 10억 명 가까운 이들이 믿고 있는 이슬람의 경전, 《쿠란Qur'ān》의 시작을 이슬람 신자들은 이렇게 이야기하고 있다.

무함마드는 당시 아라비아 지역에 성행했던 여러 종교를 모두 부정하고, 유일신에게 절대 복종할 것을 내세우며 '이슬람Islam'('신을 따른다'는 뜻의 아랍어)이라는 새로운 종교 운동을 벌였다. 하지만 메카의 지배층으로부터 박해를 받게 되자, 622년 자신을 따르는 무리와 함께 가까운 도시 메디나로 몸을 피해 유일신을 받드는 종교적 공동체(움마)를 세웠다(무함마드가 메디나로 피신한

이 사건을 '헤지라hijra'라고 하며, 이슬람력曆의 기원이 된다).

헤지라 당시 무함마드를 따른 이들의 수는 1백 명 남짓에 지나지 않았다. 하지만 메디나로 옮긴 뒤 이들 무슬림(이슬람을 믿는 사람들)은 급속히 세력을 확장하게 되었다. 무슬림들은 한때 예언자를 쫓아냈던 메카의 항복을 받아내고, 632년 무함마드가 세상을 떠날 때까지 10년 사이에 아라비아 반도 대부분을 장악했다.

무함마드의 후계자(칼리프)들은 팽창의 고삐를 놓지 않고 군대를 몰아 이슬람의 세력권을 넓혔다. 이슬람의 군대는 시리아와 이집트를 정복했고, 사산조 페르시아(오늘날의 이란 지방)를 멸망시켰다. 소규모 종교 운동으로 출발한 이슬람은 점점 거대한 제국이 되어갔다. 신자들 사이에서 추대하여 세우던 칼리프도 661년 이후로는 유력한 집안에서 대대로 세습하게 되어 사실상의 왕과 다름없어졌다. 헤지라 이후 1백 년 남짓한 시간이 흐르면서 이슬람의 영토는 서쪽으로는 오늘날의 스페인, 동쪽으로는 오늘날의 아프가니스탄을 거쳐 인도 가까이까지 이르렀다. 약 130만 명에 이르는 아랍인이 이 광대한 영토의 곳곳으로 이주하여 새로운 지배층이 되었다.

무슬림들이 겨우 1백 년 남짓한 짧은 시간에 이처럼 넓은 제국을 세울 수 있었던 까닭은 무엇일까? 유목민 특유의 강인함도 한몫했겠지만, 주변의 제국들이 기울어가고 있었다는 점에서 운도 따랐다. 당시 아라비아 반도에는 비잔틴 제국(동로마 제국)과 사산조 페르시아가 영향을 미치고 있었는데, 이들은 오랜 세월 서로 전쟁을 벌이는 바람에 양쪽 모두 쇠약해졌다. 그사이에 아라비아 반도 지역은 낙타를 이용한 대상隊商무역을 통해 경제

적으로 부강해졌다. 이런 상황에서 이슬람이 강대한 신흥 세력으로 등장하자 이미 허약해진 제국들은 급속히 세력을 잃어갔다. 그 결과 이집트와 메소포타미아 등 옛 헬레니즘 세계의 대부분이 이슬람을 믿는 지역이 되었다. 도서관, 무세이온, 그 안에 보관하고 있던 책들도 무슬림의 차지가 되었음은 물론이다.

학자들의 새로운 터전

이슬람은 거칠 것 없이 정복지를 넓혀갔지만, 점령지의 민족에게 너그러웠으며 호기심도 많아 그들의 문명을 배우고자 노력했다. 게다가 당시 이슬람 세계는 기독교 세계에 비해 종교적으로 훨씬 관용적이었다.

 기독교는 예수 이후 3백여 년 동안 교리의 해석을 둘러싸고 많은 종파로 갈라졌는데 로마 황제가 기독교를 국교로 삼으면서 문제가 생겼다. 로마 황제는 기독교의 교황을 겸함으로써 자신의 권위를 세우려고 했다. 따라서 교리는 오로지 하나의 정통 교리만 존재해야 했다. 이 과정에서 여러 차례의 공의회가 열려 교리 논쟁이 벌어졌고, 논쟁에서 진 교파들은 '이단'이라는 치욕을 감내해야 했다. 이단으로 몰리는 것은 현실적인 불이익, 때로는 생명의 위협으로까지 이어지는 일이었다. 따라서 많은 '이단' 교파의 신도들은 교황의 영향력이 미치지 않는 곳으로 몸을 피했다.

 이에 비해 이슬람 세계에서는 종교적 관용의 폭이 상당히 넓었다. 물론 이슬람 세계에서도 교리 해석의 차이가 있었고, 여러 학파들이 생겨났다. 하지만 이들 중 하나가 정치 권력화하여 다른 학파를 탄압하는 일은 없었다. 《쿠란》은 이슬람 교도 사이에 평등을 보장한 것은 물론 이교도에 대해서도 정해진 세금만 내면 종교의 자유를 인정하고 있었다. 심지어 이슬람 제국이 확장되던 시절에는 점령지의 주민들이 세금을 면하기 위해 앞다투어 이슬람으로 개종하자 재정 위기를 우려하여 한동안 개종을 금지했던 일도 있었다. 이와 같은 관용적인 분위기 때문에 이슬람이 지배하는 지역에서는 기독교도, 유대교도, 마니교도, 조로아스터교도 등 다양한 종교를 가진 사람들이 자유롭게 학문 활동에 참여할 수 있었다. 책과 학자를 모두 얻으면서 이슬람의 학문은 빠른 속도로 발전하기 시작했다.

489년, 한 무리의 네스토리우스교 신도들이 이단으로 몰려 에데사 Edessa 지역에서 추방되었다. 이들은 이란 서남부의 곤데샤푸르 Gondeshapur 라는 곳에 터전을 잡고, 병원과 학교를 세워 그리스 의학을 가르쳤다. 529년에는 아테네에서 쫓겨난 신플라톤주의자들도 곤데샤푸르에 흘러들어 왔다. 이곳은 곧 그리스, 페르시아, 시리아, 이스라엘, 인도의 사상들이 뒤섞여 교류하는 학문의 중심지가 되었다. 638년, 무슬림들이 이곳의 새로운 지배자가 되자 그들은 이곳의 번성한 학문에 깊은 영향

● **네스토리우스교**

네스토리우스의 가르침을 따르는 기독교의 한 교파. 신은 나지도 죽지도 않으므로 예수가 마리아의 몸에서 '태어났고' 십자가에서 '죽었다'는 등의 표현은 개념상 오류라고 주장하며, 예수의 신성과 인성을 나누어 인식해야 한다고 주장했다. 431년 에페소스 공의회에서 네스토리우스가 이단으로 몰리면서 유럽에서는 그 세력을 잃어버리고 중동 지역이나 중국 등에서 소수파로서 명맥을 이어갔다.

을 받고 자신의 것으로 삼고자 했다. 문화적 욕구가 강했던 이슬람의 지도자들은 '이교도'들을 강압적으로 개조하는 대신, 그들의 종교를 존중함으로써 학식 높은 '이교도'들의 협조를 이끌어 내는 전략을 택했다. 곤데샤푸르의 학자들도 이슬람의 종교적 관용 정책에 호응하여 각종 철학, 과학, 의학 책을 아랍어로 옮기는 일에 기꺼이 참여했다.

이슬람이 강성해지면서 기독교 세계는 더욱 움츠러들었고 종교적으로 더욱 배타적이 되었다. 때문에 많은 학자들이 기독교의 영향력을 피해 이슬람으로 모여들었다. 칼리프들은 학문을 장려했고 이슬람의 학문은 크게 피어났다.

그리스 철학에 눈을 돌린 무슬림 학자들

750년 무렵, 칼리프 자리를 세습하던 우마이야 왕조^{the Umayyad Dynasty}가 이슬람 세계의 중심에서 밀려나고, 아부 알아바스^{Abū al-Abbās, 재위 749~754}를 시조로 하는 '아바스 왕조^{the Abbāsid Dynasty}'가 새로이 수립되었다. 우마이야 조^朝가 아랍인을 다른 종족에 비해 우대하고 전쟁을 통한 영토 확장에 몰두했던 반면, 아바스 조는 이슬람 신앙을 갖고 모든 종족이 평등하다는 입장을 내세워 평화와 기술의 진흥에 주력했다. 1백 년 넘게 지속된 전쟁이 끝나자 칼리프와 장군들은 학문과 예술로 관심을 돌리게 되었다. 아리스토텔레스를 비롯한 그리스 철학의 풍성한 성과들은 곧 무슬림 학자들의 비상한 관심을 끌었다. 이슬람의 지도자들조차도 《쿠란》

이 허용하는 범위 내에서 이방의 문화를 열심히 탐구했다.

아바스 조의 네 번째 칼리프인 알마문^{al-Mamun, 786~833}은 813년 왕위에 올랐는데, 철학과 신학에도 조예가 깊은 학구파였다. 그는 무타질라^{Mu'tazilah} 학파의 학자들과 가까이 지냈다. 무타질라 학파는 그리스 철학의 영향을 강하게 받아, 《쿠란》을 합리주의적으로 해석하는 학파였다. 칼리프의 총애 아래 그리스 학문에 대한 관심은 점점 높아졌다. 알마문에 대해 다음과 같은 전설이 생길 정도였으니 말이다.

> 알마문이 의자에 앉아 잠이 들었을 때, 대머리에 잘생긴 얼굴의 푸른 눈을 한, 호감이 가는 사나이가 그의 앞에 나타났다. 칼리프가 그의 이름을 물었더니 그 사내는 '아리스토텔레스'라고 대답했다. 고대의 현인을 만나게 되어 기쁜 마음에 칼리프는 그 철학자에게 "선한 것이란 무엇입니까?"라고 물었다. 아리스토

중세 이슬람의 학파

중세의 이슬람 사회에서는 종교와 세속 정치가 분리되지 않고 《쿠란》이 오늘날의 헌법과 비슷한 역할을 했기 때문에, 법적 문제에 대한 판단의 차이가 곧 교리 해석의 차이로 이어지곤 했다. 그 결과 입장을 달리하는 여러 학파들이 생겨나 열띤 논쟁을 벌였다. 무타질라 학파는 그 중에서도 합리주의적 성향이 가장 강한 학파였다. 이에 비해 한발리(Hanbali) 학파와 말리키(Maliki) 학파는 신의 말씀과 신앙심이 법적 판단의 가장 중요한 근거가 되어야 하며, 법관은 개인적 판단을 내려선 안 되고 이미 만들어진 법을 그대로 적용해야 한다고 주장했다. 여기에 둘 사이에서 중용을 중시하는 아쉬아리(Ash'ari) 학파를 합쳐 중세 이슬람의 '4대 법학파'라고 한다.

텔레스는 "첫째는 마음에 좋은 것, 둘째는 법에 합당한 것, 셋째는 사람들이 선하다고 여기는 것입니다"라고 대답했다. 아리스토텔레스는 이어서 연금술사를 귀히 대접하고 "하느님은 한 분이시다"라는 이슬람의 핵심 교리를 잊지 말 것을 당부한 뒤 사라졌다. 꿈에서 깬 알마문은 고대의 철학자들의 저술을 찾아내어 아랍어로 번역하라는 명을 내렸다.

아무래도 이 이야기는 그리스 철학을 옹호하는 이들이 뒷날 지어낸 것일 듯하다. 하지만 어쨌든 알마문의 치세에 그리스 학문을 연구하고 번역하는 작업이 매우 활발하게 이루어졌기 때문에 이런 이야기도 만들어졌을 것이다. 알마문은 829년 학자들을 위한 천문대를 세워 그리스의 천문학 이론이 맞는지 확인해보도록 하고, 여기서 나온 관측 결과를 바탕으로 각종 천문 현상을 수록한 표를 만들기도 했다(이 표는 뒷날 '마문 표'라는 이름으로 불렸다). 또 지구의 크기를 재기 위해 학자들을 둘로 나누어 남쪽과 북쪽으로 각각 위도 1도가 얼마나 먼 거리인지 측정하도록 보내기도 했다.

아바스 조의 수도였던 바그다드에서는 '지혜의 집(바이트 알히크마$^{Bayt\ al\text{-}Hikma}$)'을 중심으로 활발한 번역 사업이 이루어졌다. '지혜의 집'은 일종의 도서관이자 대학이었는데, 알마문은 '지혜의 집'을 플라톤의 아카데메이아와 비슷하게 키우고자 지원을 아끼지 않았다. 그리스의 철학과 과학 책을 구하기 위해서라면 비잔틴 제국에 대사를 파견하는 일도 주저하지 않았다. 이렇게 구해 온 책은 여러 언어에 능통한 학자들이 아랍어로 옮겼다. 아랍인 무슬림은 물론 페르시아인, 인도인, 유대인(유대교도), 그리스인(기독교도) 등 다양한 종교와 종족의 학자들이 번역 사업에 참여했다. 특히 가장 이름이 높았던 두 사람의 번역가는 모두 무슬림이 아니었다. 그중 후나인 이븐 이샤크$^{Hunayn\ ibn\ Ishaq,\ 809~873}$는 네스토리우스파 기독교도였지만 의사로서의 실력을 인정받아 칼리프의 주치의로 일하기도 했다. 그는 갈레노스, 히포크라테스, 에우클레이데스, 아리스토텔레스 등 유명한 그리스 철학자와 의사들의 책을 모두 1백여 권이나 아랍어로 번역했다. 타비트 이븐 쿠라$^{Thabit\ ibn\ Qurra,\ 826?~901}$ 역시 소수파 기독교인 사비파^{Sabian}의 신자였다. 수학자이자 번역가로 유명했던 그는 바그다드에 번역 학교를

'지혜의 집'의 내부 전경(위)과 2003년 미국의 이라크 침공 당시 파괴된 지혜의 집의 일부(오른쪽). 지혜의 집은 당시까지도 부속 건물을 보강하여 대학으로 이용되고 있었다.

세우고, 제자들과 함께 아폴로니오스, 아르키메데스, 에우클레이데스, 테오도시우스, 프톨레마이오스 등의 책을 번역했다.

지식에 목말랐던 무슬림 학자들은 그리스 철학의 풍성한 과실을 뜨겁게 반겼다. 이슬람 철학의 주춧돌을 놓았다는 평가를 받는 철학자 알킨디^{al-Kindi, 801~873}는 무슬림들이 그리스의 철학자들에게 큰 빚을 졌다는 사실을 솔직히 인정했다. 그는 "(그들이 없었더라면) 우리가 열의를 가졌을지라도, 살아 있는 동안 우리의 연구에 필요한 마지막 추리의 토대를 이루게 될 원리들을 통합하는 일은 가능하지 않았을 것이다"라면서, "나아가 그리스 철학자들이 풀지 못한 숙제들을 이제 무슬림 학자들의 손으로 풀 수 있을 것"이라는 자신감도 내비쳤다. 시대와 지역, 종교와 종족은 달랐지만 무슬림들은 그리스 철학자들을 가까운 선배처럼 여기게 되었던 것이다.

알마문을 비롯한 이슬람의 지도자들과 철학자들은 왜 이처럼 그리스 학문의 연구에 몰두했을까? 가장 먼저 생각할 수 있는 것은 실용적인 이유다. 의술은 언제 어디서나 권력자의 후원에 가장 크게 힘입어 성장해왔다. 또 점성술은 국가의 길흉화복을 예측하는 학문으로 여겨졌으므로, 권력자들은 점성술사들을 늘 곁에 두고 하늘의 뜻을 읽어내고자 했다. 수학, 특히 산수나 방정식 풀이 같은 것들은 상업이 발달한 이슬람 사회에서 손익을 계산하고 재산을 분배하는 데 요긴하게 쓰였다. 종교적인 이유도 있다. 모든 무슬림들은 매일 다섯 차례 메카를 향해 절을 올리며 기도해야 하는 의무가 있다. 이 의무를 잘 지키기 위해서는 메카가 어디 있는지, 그리고 지금 기도할 시각이 되었는지 정확히 알 수 있어야 한다. 따라서 천문학 관측을 통해 방위와 시각을 헤아리는 일은 이슬람 사회에서 매우 중요한 의미를 지녔다. 연금술도 금을 만들어 한몫 잡고자 하는 세속적인 욕심에 눈먼 이들보다는 '비천한 금속을 고귀하게' 바꾸는 작업이 자신들의 영혼도 씻어내줄 것이라고 믿는 이들에 의해 발전했다.

그러나 이러한 설명만으로는 어딘가 부족하다. 이슬람의 과학

이집트 카이로에 있는 술탄 하산 모스크(mosque, 이슬람 사원)의 내부(아래)와 메카 방향을 측정할 수 있는 휴대용 나침반(오른쪽). 모든 무슬림들은 기도할 때 메카를 향해 절을 올려야 하므로, 모스크에서는 메카 방향으로 나 있는 벽면을 눈에 띄도록 꾸며놓아 길잡이로 삼는다. 이렇게 꾸며놓은 벽면을 '미흐랍(mihrab)'이라고 한다.

과 철학은 실용적인 성과를 얻는 데 만족하지 않고, 이론적이고 추상적인 문제에까지 관심을 넓혀갔기 때문이다. 아마도 다른 문명과 마찬가지로, 이슬람 사회에서도 자연에 대한 탐구가 처음에는 실용적인 동기에서 출발했겠지만 곧 인간 본연의 지적 호기심이 발동하여 더 높은 수준의 진리를 알고자 하는 마음이 생겼을 것이다. 그리고 이러한 탐구를 통해 자연의 이치를 조금이나마 깨닫게 되면 그 성취감이 더 많은 탐구를 부추겼을 것이다.

이슬람 과학의 눈부신 발전

천문학

아이와 같은 호기심과 성취감에 힘입어 이슬람의 과학은 여러 분야에서 눈부신 발전을 이뤘다. 가장 일찍 발달한 분야 중 하나는 천문학이다. 천문학은 앞서 말했듯 통치자의 후원 아래 오래된 관측 자료를 모아 번역하고 새로운 관측 기록을 보충하면서 발전해나갔다. 〈마문 표〉와 같이 관측 자료가 정리되었으며, 프톨레마이오스의 천문학 책도 번역되어 그리스 천문학의 정수가 이슬람 세계로 스며들었다. 무슬림 천문학자들은 그리스 사람들이 미처 보지 못했던 별들을 찾아내고, 혼란스러웠던 별과 별자리의 이름들을 깔끔히 정

● **아랍어에서 비롯된 별자리**
베텔기우스(Betelgeuse, 오리온자리 α별), 리겔(Rigel, 오리온자리 β별), 알타이르(Altair, 독수리자리 α별, 일명 '견우별'), 알데바란(Aldebaran, 황소자리 α별) 등이 아랍어 어원을 갖고 있는 대표적인 별들이다.

16세기 말 오스만 제국의 술탄 무라드 3세(Murad, 1546~1595)가 세운 천문대에서 학자들이 관측과 토론을 벌이고 있다. 무라드 3세에게 헌정된 《왕 중의 왕의 책》에 실린 삽화.

리했다. 그 결과 오늘날 우리가 부르는 별자리 이름 가운데 많은 것들이 아랍어에서 비롯된 이름을 갖게 되었다. 정밀한 관측 자료가 쌓이면서 우주 구조에 대한 논의도 활발해졌다. 그리스와 알렉산드리아의 천문학자들이 내놓은 여러 가지 우주구조론 중 어떤 것이 옳은지, 또 어떤 것을 어떻게 보완해야 하는지 등에 대해 수많은 책이 쏟아져 나왔다. 그중 어떤 이들은 지구가 태양의 주위를 돌 가능성을 코페르니쿠스보다도 5백 년 이상 앞서 진지하게 생각해보기도 했다.

아바스 조가 13세기 몽골의 침입으로 멸망한 뒤에는 조그만 왕국들이 여기저기서 생겨났다. 이들도 천문학에 대한 지원만큼은

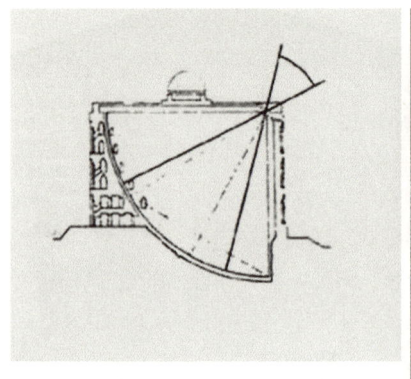

사마르칸트의 울루그 베그 천문대의 단면(윗쪽)과 안에서 찍은 사진(오른쪽). 햇빛이 들어와 눈금이 그려진 레일 위를 비추면 그것으로 천체의 고도 등을 계산하는 시설이다. 오른쪽 사진에서 사람의 크기와 레일의 크기를 비교해보면 이 천문대의 규모를 짐작할 수 있다.

아끼지 않았다. 투르키스탄의 무장 티무르$^{\text{Timür, 1336~1405}}$는 오늘날의 이란과 카자흐스탄 일대에 자신의 왕국을 세웠는데, 그의 손자 울루그 베그$^{\text{Ulūgh Beg, 1394~1449}}$는 정치보다 자연 탐구에 더 관심이 높아서 바위산을 깎아 높이가 40m가 넘는 거대한(당시로서는 세계 최대의) 천문대를 세웠다. 울루그 베그가 암살당하면서 사실상 이슬람 세계의 천문학 연구도 그 막을 내렸지만, 이 천문대는 오늘날까지도 우즈베키스탄의 사마르칸트^{Samarkand}에 남아 있다.

의학

이슬람 의학은 대규모 병원을 중심으로 발달하기 시작했다. 모든 무슬림들은 다섯 가지 의무를 지켜야 하는데, 그중 하나가 자선을 베푸는 것이다. 따라서 통치자들은 병든 이를 돕기 위해 커다란 병원을 짓는 데 열심이었다. 전성기의 이슬람 세계에는 적어도 서른네 곳의 종합병원이 있었다. 이들은 오늘날의 종합병원과 마찬가지로 질병과 증세에 맞는 여러 개의 병동으로 이루어져 있었으며, 약국과 도서관 등의 부대시설을 갖추고 있었다. 또 환자들이 치료를 받고 퇴원할 때에는 노동력을 되찾을 때까지 살아나갈 수 있도록 금화 다섯 닢씩을 주기도 했다. 큰 병원에는 자연히 임상 기록이 많이 쌓이게 되었고, 무슬림 의사들은 이를 바탕으로 이론과 임상 모두를 발전시켜나갔다. 의학 이론은 그리스의 것(히포크라테스, 디오스코리데스, 갈레노스 등)을 토대로 했지만 새로운 이론도 많이 추가되었다.

걸출한 많은 무슬림 의사 중에서도 특히 유명한 사람으로는 알라지와 이븐 시나를 꼽을 수 있다. 페르시아에서 태어난 알라지는 평생 2백여 권에 이르는 많은 책을 썼다. 이중 절반은 신학, 철학, 수학, 천문학, 자연과학, 연금술 등과 같은 다양한 주제들을 다루고 있으며 나머지는 모두 의학에 대한 것이다. 그가 지은 의학 책의 제목 중에는 《뛰어난 의사라 해도 모든 병들을 치료할 수는 없다는 사실에 대하여》라든가 《왜 사람들은 숙련된 의사들보다 돌팔이를 더 좋아할까》처럼 재미난 것들도 있다. 이런 익살맞은 제목은 그가 전통과 권위를 무턱대고 따르는 것을 매우 싫어했던 합리적인 인물이었다는 점과도 관련이 있을 것이다. 그의 가장 유명한 저작은 《천연두와 홍역에 대하여》와 무려 23권으로 이루어진 일종의 의학 백과사전인 《총서》일 것이다. 알라지는 서양에는 '라제스'라는 라틴어 이름으로 알려졌고, 《천연두와 홍역에 대하여》는 15세기에 라틴어로 번역된 이래 19세기까지 40회나 인쇄를 거듭할 정도로 많은 인기를 끌었다.

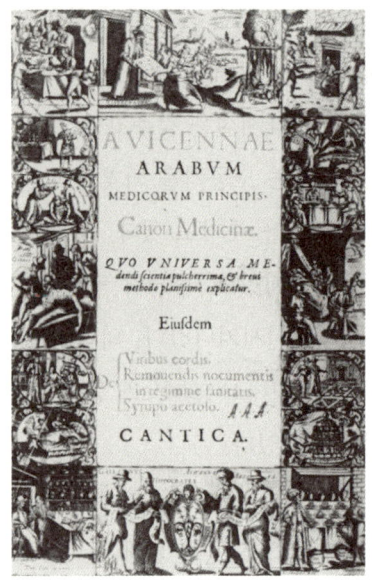

이븐 시나가 쓴 《의학정전》의 라틴어 판본. 유럽에서도 1650년대까지 의과 대학에서 가장 권위 있는 교재로 사용되었다.

중앙아시아의 부하라에서 태어난 이븐 시나는 서양에서 아비센나라는 이름으로 더 잘 알려져 있다. 그는 열 살 때 《쿠란》을 줄줄 욀 정도로 신동으로 소문이 났으며, 넘치는 재능으로 의학과 철학 등 여러 분야에서 업적을 남겼다(이븐 시나의 철학에 대해서는 뒤에서 다시 살펴보자). 그는 결핵이 전염되는 병이라는 것을 최초로 밝혀냈으며, 당시 이슬람 세계에 알려진 모든 의학 지식을 망라한 《의학정전》이라는 다섯 권짜리 책을 남겨 유명해졌다. 이 책이 다루지 않은 분야가 없다 보니 후세의 의사들이 이븐 시나의 말만을 따르고 새로운 연구를 게을리 하여 "오히려 이후의 의학 발전에 해를 끼쳤다"는 말을 들을 정도였다. 유럽에서도 이 책은 1650년대까지 의과 대학에서 가장 권위 있는 교재로 사용되었다.

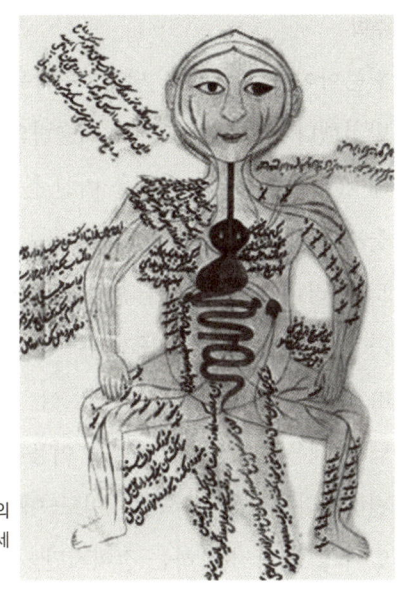

17세기 페르시아의 의학 서적에 실린 혈액의 순환을 설명하는 그림. 인체 내부에 대해 상세한 지식을 가지고 있었음을 보여준다.

    이 밖에도 무슬림 의사들은 모세혈관을 발견했고, 피가 심장에서 나와 온몸을 돌 뿐 아니라(혈액의 '대순환') 심장으로 들어가는 길에 허파를 거쳐 한 번 더 돌아 들어간다는 것(혈액의 '소순환')을 알아냈으며, 콜레라나 페스트 같은 유행성 전염병이 어떻게 퍼지는지에 대한 책을 남겼다. 이슬람 의학은 외과 수술에 특히 능하여 2백 가지가 넘는 수술 도구가 개발되었으며, 특히 안과 수술이 발달했다. 또 한 가지 약을 처방하는 것이 아니라 여러 가지 약을 섞어 조제함으로써 약효를 높이는 기술을 발달시켰다. 오늘날 이른바 '대체의학'에 대한 관심이 높아지면서 다양한 천연 약재를 이용한 이슬람의 약학이 다시금 관심을 끌고 있기도 하다.

수학

천문학이나 의학과는 달리, 수학은 그리스 이론에 바탕을 두고 발전했다기보다는 오히려 이슬람의 독자적인 발전이 뒷날 서양에 흘러들어 가 큰 영향을 미친 분야다. 이슬람 수학자들은 인도 숫자를 받아들여 개량하고, 이를 다시 유럽에 전해주었다. 이 '인도-아라비아 숫자'는 십진법 체계에 맞도록 0에서 9까지의 숫자가 각기 다른 기호로 표기되어 있고(반면 로마 숫자 같은 것은 I, II, III, ……처럼 같은 기호를 겹쳐 쓰는 식이다), '영(0)'과 자릿수의 개념을 채용하고 있다. 이것을 이용하면 계산이 놀랄 만큼 빠르고 편해진다. 오늘날 우리는 인도-아라비아 숫자에 워낙 익숙해져 있어 잘 깨닫지 못하는 점이지만, 시험 삼아 '3243×608'을 계산해보자. 인도-아라비아 숫자로는 편하게 할 수 있지만, 로마 숫자처럼 자릿수의 개념이 없는 숫자로는 암산으로 곱셈을 하는 일 자체가 불가능하다. 이런 계산을 하려면 미리 만들어둔 곱셈표에서 일일이 그 값을 찾아 대입해야 했던 것이 13세기 인도-아라비아 숫자가 전해지기 전까지 유럽의 실정이었다.

알콰리즈미$^{\text{al-Khwārizmī, 780~850}}$는 인도-아라비아 숫자를 이용한 수학 책을 써서 이 숫자가 널리 보급되는 데 크게 이바지했다. 그는 또 방정식을 푸는 기본 방법들을 확립하고, 그것을 정리하여 《복원과 대비로 계산하는 법에 대한 개론서$^{\text{Kitab al-Jabr al-Muqabala}}$》(이하 《복원과 대비》)를 썼다. 요즘의 용어로 설명하자면 '복원(알자브르)'이란 음수를 이항해 양수로 바꾸는 것을 말하고, '대비(알무카발라)'란 동류항끼리 모아서 정리하는 것을 말한다. 즉 《복원과 대비》는 '방정식은 각 항을 필요한 만큼 이항한 뒤 동류항을

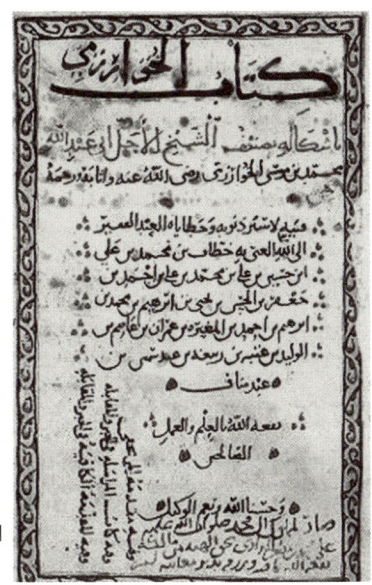

알콰리즈미의 《복원과 대비로 계산하는 법에 대한 개론서》의 한 부분, 9세기.

정리해서 풀어야 한다'는 근대적인 방정식 해법을 확립한 책이다. 이 책은 뒷날 서양에 소개되어 널리 알려졌다. 이 책의 제목의 첫 단어인 '알자브르'가 잘못 전해져 생겨난 것이 대수학을 뜻하는 '알제브라 algebra'라는 낱말이다. 또 알콰리즈미의 이름으로부터 '계산'을 뜻하는 영어 단어 '알고리즘 algorism'이 비롯되기도 했다. 한편 알하이야미 al-Hayami, 1040?~1123는 특수한 몇 가지 3차 방정식의 해법을 알아내기도 했다.

또 알바타니 al-Battani, 858~929를 비롯한 무슬림 수학자들은 '사인'과 '코사인' 같은 삼각함수를 이용해 복잡한 각도 계산을 대수적으로 해결하는 방법을 발전시켰다. 이 방법은 뒷날 천문학의 발전에 크게 이바지했다.

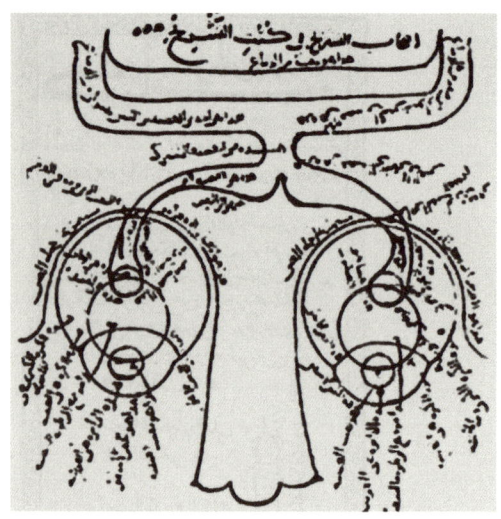

이븐 알하이삼의 《광학의 서 Kitab al-Manazir》(1572)에 실린 눈의 구조 그림.

물리학 분야에서도 몇몇 창의적인 발전이 있었다. 이븐 알하이삼 ibn al-Haitham, 965?~1039 은 광학을 연구하여 "눈에서 나온 빛이 물체 표면에 반사되어 다시 눈으로 들어간다"는 그리스 철학자들의 의견이 틀렸음을 알아냈고, 굴절 각도를 실험을 통해 정확히 측정했다. 스페인의 철학자 이븐 바자 ibn Bājjah, ?~1138 는 아리스토텔레스의 운동 이론을 연구하여 "어째서 돌멩이를 던지면 손바닥에서 떨어진 뒤에도 한동안 계속 날아가는가?"라는 질문에 대해 "마치 돌멩이에 손자국이 찍히는 것처럼 힘의 흔적이 남아 있기 때문"이라는 새로운 학설을 내놓았다. 이 학설은 중세 유럽을 거쳐 근대 물리학의 '관성' 개념의 뿌리로 거듭났다.

이슬람 세계에서는 연금술도 성행했다. 연금술사 자비르 이븐 하이얀 Jābir ibn Hāyan, 721?~815? 은 아리스토텔레스의 4원소설로부터 출발하여 "모든 금속은 황과 수은이 결합해 이루어졌다"는 자신

10~12세기 이슬람의 증류 장치. 한국에서 소주를 내릴 때 쓰는 '소주고리'와 비슷하게 생겼다. 소주 고리가 고려 시대 한반도에 들어온 이슬람 상인들로부터 전해졌다는 설도 있다.

만의 학설을 내놓고, 황과 수은의 결합 비율을 바꾸면 다른 금속을 금으로 만들 수 있다고 주장했다. 비록 그의 학설이 옳았던 것은 아니지만, 그의 책을 읽은 많은 연금술사들이 금을 만들 수 있다고 믿고 여러 가지 금속의 성질을 연구함으로써 당대의 화학 지식의 폭이 한층 넓어졌다. 한편 이 과정에서 증류기^{alembic}를 비롯한 각종 실험 도구가 개량되었고, '알코올'이니 '알칼리'니 하는 이름들이 확립되어 오늘날까지 쓰이게 되었다.

이슬람 세계에서 과학은 역사상 처음으로 '국제적 교류'라는 것을 할 수 있었다. 세 대륙에 걸친 드넓은 이슬람 세계에 흩어져 있던 수많은 대학과 신학교에서는 교수와 학생이 모두 아랍어로 가르치고 배웠으며, 그 내용도 대부분 그리스 철학자들의 사상에 대한 것이었다. 공통의 언어와 공통의 주제는 학문의 교류를 가능하게 한다. 그 결과 유럽의 서쪽 코르도바에 사는 학자가 아시아의 페르시아 출신 학자의 책을 읽고 그것을 비판하는 책을 내면, 아프리카 이집트의 학자가 그것을 구하여 읽고 공부하는 일이 가능해졌다. 이런 일은 전 세계적으로 일찍이 볼 수 없었던 현상이었다.

  이처럼 국제적인 학문의 분위기가 무르익은 12세기, 이슬람 세계의 서쪽 끝 코르도바에서 그 어느 무슬림 철학자보다도 이성의 힘을 중요히 여긴 철학자가 나타났다. 그는 이전의 어느 무슬림 철학자보다도 아리스토텔레스를 속속들이 공부했으며, 그 누구보다도 아리스토텔레스를 합리주의적으로 이해하고자 했다. 아리스토텔레스를 존중했으나 그에 의지하지는 않았던 학자이자, 서양에는 뒷날 '아베로에스^{Averroes}'라는 라틴어 이름으로 알려져 커다란 영향을 미친 인물. 그의 이름은 바로 이븐 루시드였다.

만남 5

'바로 그 주해자'
이븐 루시드

아리스토텔레스 자연철학과의 인연

이븐 루시드는 오늘날의 스페인 남부 코르도바^{Cordoba}에서 서기 1126년(이슬람력 520년)에 태어났다. 이븐 루시드가 태어날 당시 코르도바는 알모라비드^{Almoravid} 왕조의 수도로 5십만 명이 넘는 주민, 3백여 개의 공중목욕탕, 70여 개의 도서관과 1천 6백여 개의 모스크가 있는 이베리아 반도의 학문과 예술의 중심지였다. 무슬림들은 물론 유럽의 기독교인들도 자녀들을 코르도바로 유학 보내곤 했다.

 이븐 루시드의 조부와 부친은 대대로 이 도시의 법관이었다. 이븐 루시드에게 자신의 이름을 물려준 조부는, 코르도바의 대법관이자 모스크의 이맘^{imam}(예배를 인도하는 장로)으로 활동하는 등 사회적으로 존경받는 인물이었다. 당시 코르도바는 다소 보수화되어, 《쿠란》과 예언자 무함마드의 언행에 바탕을 둔 이슬

람 법을 언제나 문자 그대로 적용해야 한다는 분위기가 지배적이었다. 하지만 이븐 루시드의 조부는 이에 동조하지 않고 "판결을 내릴 때에는 증거를 중시하고 법관의 합리적인 해석의 여지를 보장해야 한다"는 요지의 법철학 책을 남겼다. 비록 이븐 루시드가 태어나던 해 할아버지가 세상을 떠나는 바람에 직접 가르침을 받을 기회는 없었을 테지만, 이런 자유롭고 합리주의적인 가풍은 이븐 루시드에게 알게 모르게 영향을 미쳤을 것이다.

고도로 발달한 이슬람의 교육 제도 덕분에, 또 좋은 집안에서 태어난 덕분에 이븐 루시드는 신학, 법학, 자연철학 등을 골고루 공부할 수 있었다. 청년 시절의 이븐 루시드가 가장 큰 흥미를 보인 학문은 법학이었다. 그는 아쉬아리$^{Ash'ari}$ 학파의 사상에 특히 심취했는데, 중용을 중시했던 아쉬아리 학파는 교리와 법률을 이성적으로 해석하는 데 지나치게 기울었던 무타질라 학파에 비해 이성과 계시를 모두 중요하게 여겨야 한다는 온건한 입장을 취했다. 신앙과 합리적 사고가 모두 진리에 이르는 길이라고

이슬람력(AH)

헤지라가 있었던 해(AD 622)를 1년으로 삼는다. 이슬람력은 달이 열두 번 차고 기울면 1년이 바뀌는 순수태음력이다. 달의 공전주기가 약 29.5일이므로 1년의 길이는 약 354일이 되어 태양력에 비해 약 11일가량 짧다. 따라서 이슬람력과 서력을 서로 변환하는 일은 상당히 까다롭다. 이슬람력 33년이 서력으로 약 32년이므로, 이슬람력에 따른 연도에 (32/33)를 곱하고 거기에 622를 더하면 서력 연도와 비슷해진다.

$$AD = 622 + (32/33 \times AH), \quad AH = (33/32) \times (AD - 622)$$

믿었던 그의 사상은 이때부터 그 뿌리가 형성되었다.

그는 신학과 법학에 이어 세비야Sevilla의 유명한 알타르잘리al-Tarjali로부터 의학 수업을 받았다. 알타르잘리는 임상에도 뛰어난 의사였지만, 아리스토텔레스를 비롯한 고대 그리스 문헌에 능통한 철학자이기도 했다. 확실한 기록은 남아 있지 않지만 알타르잘리는 이븐 루시드에게 의술뿐 아니라 아리스토텔레스 철학도 가르쳤을 것으로 보인다. 의술을 공부하면서 아리스토텔레스를 접했다는 점은 왜 이븐 루시드가 아리스토텔레스를 논리학자나 철학자로서가 아니라 자연과학자로서 존경하게 되었는지를 설명할 수 있는 중요한 단서가 된다. 이븐 루시드는 점차 '고대인의 자연철학'에 빠져 들었고, 자연철학은 법학과 함께 이븐 루시드의 사상을 양분할 정도로 그에게 중요한 것이 되었다.

1146년을 전후하여 코르도바의 주인이 바뀌었다. 북아프리카에서 일어난 알모하드Almohad(또는 알무와히드) 왕조가 이베리아 반도로 진출하여, 알모라비드 왕조를 몰아내고 코르도바를 지배하기에 이른 것이다. 1153년, 이미 법관이자 의사로 이름이 나기 시작한 이븐 루시드는 새로운 왕조의 부름에 따라 지중해를 건너 북아프리카로 건너갔다. 오늘날의 모로코 지역의 도시 마라케시에 대학을 세우려는 아브드 알무민Abd al-Mumin, 재위 1147~1163 왕의 계획 때문이었다. 이븐 루시드는 대학을 세우는 일을 돕고 나서 그곳에 눌러앉아 평소 하고 싶었던 천문 관측을 마음껏 할 수 있었다. 그는 이곳에서 철학자이자 의사이자 천문학자로 이름이 높았던 이븐 투파일ibn Tufail, 1100~1185을 만났다. 이븐 투파일은 그를 알모하드의 왕자 아부 야쿱 유수프Abu Yakub Yusuf, 재위 1163~1184에

게 소개해주었다. 아부 야쿱 유수프는 학문에 관심이 깊어 철학자, 의사, 시인들을 후원했으며, 자연철학자들의 모임을 이끌기도 했다. 그 모임에는 이븐 투파일과 유명한 의사 이븐 주흐르$^{ibn\ Zuhr}$ 등이 참여하고 있었는데, 이븐 투파일의 소개로 이븐 루시드도 그곳에 나갈 수 있게 되었다. 이븐 루시드는 이 모임에서 아부 야쿱 왕자가 내놓은 어려운 질문들(가령 '하늘이 시작도 끝도 없이 존재하는지, 아니면 시작을 가지고 있는지' 같은 것)에 현명하게 대답하여 왕자의 신임을 얻었다. 이윽고 왕위에 오른 아부 야쿱 유수프는 이븐 투파일을 주치의로 임명하고, 그에게 아리스토텔레스의 저작에 꼼꼼한 주해를 달아줄 것을 부탁했다. 이븐 투파일은 자신은 너무 나이가 들고 할 일이 많으니 젊은 이븐 루시드가 그 일에 적격이라며 그를 추천했다. 이리하여 이븐 루시드는 천문 관측을 그만두고, 아부 야쿱 유수프의 궁정에서 의사로 일하면서 아리스토텔레스의 방대한 저작에 주해를 다는 작업을 시작했다.

1184년 아부 야쿱 유수프가 세상을 뜰 때까지 이븐 루시드는 왕의 총애를 받으며 활발한 활동을 벌였다. 1169년에는 세비야의 법관으로 임명되었는데, 그는 법관으로 일하면서도 아리스토텔레스의 《동물부분론$^{Parts\ of\ Animals}$》의 주해를 마치는 등 주해 작업을 게을리 하지 않았다. 1171년에는 고향인 코르도바로 돌아와 주해 작업에 더 많은 시간을 쏟을 수 있게 되었고, 1179년까지 몇 차례 주해 작업의 성과를 내놓았다. 1182년에는 이븐 투파일이 나이가 많이 들었다는 이유로 아부 야쿱 유수프의 주치의 자리에서 은퇴하자, 그 자리를 이어받았다. 그리고 할아버지와 마찬가지로 코르도바의 대법관이 되는 영예도 안았다. 아부 야쿱 유수프가 세상을 뜨고 야쿱 알만수르$^{Yakub\ al-Manṣur}$가 왕위에 오른 뒤에도, 이븐 루시드는 10년 동안 왕의 총애를 받으며 주해 작업에 매달렸다.

철학자 이븐 루시드

이븐 루시드는 이전의 어느 무슬림 철학자보다도 아리스토텔레스의 저작을 꼼꼼히 읽었다. 그는 아리스토텔레스를 논리학의 대가로서 존경했으며, 아리스토텔레스의 철학과 과학 저작의 논리적 엄밀성에 깊은 감명을 받았다. 그는 아리스토텔레스의 거의 모든 주요한 저작에 꼼꼼한 주해를 달았다. 단지 뜻이 애매한 부분을 풀어 설명한 것만이 아니라, 선배 학자들이 이미 달아놓은 주해 가운데서도 그의 생각과 다른 것은 과감하게 거부하고 자신의 해석을 대신 제시하기도 했다. 이런 점에서 이븐 루시드는 단순한 아리스토텔레스 연구자가 아니라 아리스토텔레스의 목소리를 빌려 자신만의 사상을 펼친 인물로 보아야 한다.

이븐 루시드는 아리스토텔레스의 철학을 '인간의 정신이 파악할 수 있는 최선의 진리'라고 여겼다. 물론 그도 이슬람 법을 다루는 법관이었으므로, 다른 무슬림들처럼 '인간이 세상의 모든 진리를 파악하는 일은 신의 계시를 통해서만 가능하다'고 생각했다. 그는 아리스토텔레스가 인간이 파악할 수 있는 진리를 모두 깨닫기는 했지만 '진리 그 자체'를 지니고 있었던 것은 아니라고 했다. 인간은 엄격한 논리적 추론만으로는 해결될 수 없는 질문에 직면해 있으며, 이런 질문에 대한 답은 '신이 계시한 진리' 즉 《쿠란》 속에 있다는 것이다. 하지만 이븐 루시드는 신이 아닌 인간으로서 이성을 통해 진리를 파악하려면 아리스토텔레스가 확립한 방법을 따르는 것이 가장 바람직하다고 믿었다. 그 방법은 삼단논법을 통한 추론, 그리고 실험과 관찰을 통한 경험이었다.

그는 《쿠란》과 《하디스 Hadith》가 자연에 대한 탐구를 좋은 일로 여기며 권장하고 있다고 주장했다. 자연에는 신의 섭리가 스며들어 있으므로 자연의 이치를 깨닫는 이는 신의 말씀을 접하게 될 것이기 때문이라는 것이다. 다만 사람의 능력이 각각 다르기 때문에, 어떤 이들은 계시를 통해 신의 말씀을 파악하는 데 비해 어떤 이들은 이성적 추론을 통해 그것을 알게 된다고 보았다. 이븐 루시드는 따라서 철학자들은 신학자들과 같은 목표를 좇고 있는 것이며, 신학자들이 설명할 수 없는 부분을 풀어줌으로써 서로를 도울 수 있다고 주장했다. 예를 들어 인간이 '운동'이나 '변화'와 같은 주제를 이해하려면 우선 물리학을 배워야 한다. 물리학을 배우지 않고는 인간의 정신은 운동 또는 변화라는 관념을 가질 수 없기 때문이다. 또 '존재'에 대해 이해하려면 존재의 가장 구체적인 형태인 '물질'에 대해 이해해야 하므로, 물질을 다루는 학문인 물리학이나 화학을 배워야 한다. 그는 심지

● **《하디스》**
무함마드의 언행을 글로 남긴 것. 이슬람 사회에서 《쿠란》에 버금가는 권위를 지닌다. 대부분의 법학파들은 《하디스》에서 무함마드가 다양한 상황에 어떻게 대처했는지를 살펴보고, 그것을 바탕으로 법적 판단을 내려야 한다고 생각했다.

어 《쿠란》이 철학과 같은 주제를 다루는 경우, 우선 철학의 논증에 귀를 기울이고 《쿠란》을 이성적인 논증에 위배되지 않도록 해석해야 한다고 주장하기도 했다. 계시가 중요한 것은 오직 철학이 답을 내릴 수 없는 문제에 부닥쳤을 때라는 것이다.

이븐 루시드가 보기에는 당시의 많은 무슬림 철학자들은 아리스토텔레스를 잘못 이해하고 있었다. 특히 아리스토텔레스가 플라톤과 함께 소개됨으로써 두 사람의 차이점이 제대로 드러나지 않고 있었는데, 이븐 루시드의 눈에는 현실 세계를 가벼이 여기고 그 너머의 '영원한 세계'를 중시한 플라톤의 철학은 신앙심 깊은 학자들의 입맛에는 맞았겠지만 현실을 중시한 아리스토텔레스의 철학과는 여러모로 다른 것이었다. 따라서 이븐 루시드는 주해 작업을 통해 아리스토텔레스와 플라톤의 차이를 드러내고, 나아가 기존의 무슬림 주해자들이 아리스토텔레스에 덧칠한 플라톤주의의 색깔을 벗겨내고자 했다.

이븐 루시드가 특히 비판했던 것은 이븐 시나의 철학이었다. 이븐 시나는 앞서 다루었듯 이름난 의사였지만, 한편으로는 신플라톤주의^{Neoplatonism}의 틀 안에서 그리스 철학을 포괄적으로 이해한 철학자이기도 했다. 신플라톤주의란, 3세기 무렵 플로티노스$^{Plotinos,\ 205~270}$를 비롯한 신비주의자들이 플라톤의 '이데아'설을 토대로 신비주의적 성격을 가미해 세운 철학 사조를 말한다. 이들은 세상 만물은 가장 단순하고 가장 완전한 하나의 존재, 즉 '일자$^{一者,\ the\ One}$'로부터 비롯되었다고 주장한다. 태양이 햇빛을 뿜어내듯이 일자로부터 가장 높은 수준의 존재가 '유출^{emanation}'되어 나왔고, 거기에서 유출된 것이 다시 낮은 수준의 존재를 이루고

……이와 같은 일을 거듭하여 이 세계가 생겨났다는 것이다. 낮은 수준의 존재들은 높은 수준의 존재들을 모방하여 생겨났기 때문에 더 복잡하고 불완전한 존재이지만, 언제나 더 높은 수준의 존재로, 나아가 자신의 존재의 근원인 일자로 되돌아가고자 하는 바람을 지니고 있다. 일자로부터 유출되는 아래로의 움직임, 그리고 일자로 다시 되돌아가고자 하는 위로의 움직임, 이러한 두 종류의 움직임이 세계를 이루는 원리라는 것이 신플라톤주의의 주장이다. 신플라톤주의는 기독교의 교리와 들어맞는 면이 적지 않아서 초창기 기독교 사상가들에게 환영받았다. 이슬람 사상가들도 같은 이유로 신플라톤주의를 받아들였는데, 이븐 시나도 그중 한 명이었다.

이븐 시나는 신플라톤주의의 틀 안에서 아리스토텔레스를 이해함으로써 아리스토텔레스 철학을 유일신에 대한 믿음과 조화시키고자 했다. 그는 아리스토텔레스의 자연철학을 대부분 받아들였지만, 물질 세계가 '영원한 정신'의 반영이라는 생각을 그 밑바탕에 깔고 아리스토텔레스의 철학을 재해석했다. 특히 원동자$^{\text{the Prime Mover}}$, 일자$^{\text{the One}}$, 그리고 신을 동일시함으로써 아리스토텔레스의 우주구조론, 신플라톤주의, 이슬람 신학을 결합하고자 했다. 원동자가 아래 천구들이 움직일 수 있도록 힘을 내려보내는 것을 '유출'의 개념을 통해 설명하고, 신으로부터 유출되어 나온 것들이 오늘날의 하늘과 땅과 만물을 이루었다고 주장했던 것이다(이에 비해 원래 신플라톤주의자들은 태양이 우주의 중심이라고 생각했다. 태양이 뿜어내는 햇빛이 바로 일자로부터 유출되는 존재의 흐름이라고 생각했기 때문이다).

이븐 시나의 절충이 완전히 성공한 것은 아니었다. 플라톤주의는 육체보다 영혼을, 이 세상보다 도달할 수 없는 곳을 중요하게 여기는 점에서는 기독교나 이슬람교와 같은 유일신 신앙과 공통점을 가지고 있었지만, '스스로 의지를 가지고 이 세계에 개입하는 신'이라는 개념은 가지고 있지 않았기 때문이다. 하늘과 땅이 신으로부터 유출되었다는 이븐 시나의 생각은 '하느님이 천지를 창조하셨다'는 믿음과 모순되는 것으로 받아들여져 많은 비난을 사기도 했다. 이븐 시나의 생각이 마음에 들지 않았던 이들은 그가 무슬림답지 않게 사치스럽고(이븐 시나는 풍류를 즐기는 멋쟁이였다고 한다) 거만하다는 구실을 들어 공격을 일삼았고, 그가 죽은 뒤 완고한 사람들은 그의 책을 불살라버리기도 했다. 하지만 그리스 철학과 유일신 신앙을 조화시키려는 그의 시도는 많은 이들에게 영향을 미쳤고, 그는 무슬림뿐 아니라 기독교인에게도 존경받는 철학자로 남게 되었다.

이븐 루시드도 그리스 철학과 유일신 신앙을 조화시키려고 했다는 점에서는 이븐 시나와 비슷한 목표를 가지고 있었다. 그러나 그는 이븐 시나보다 합리주의적이었고 신비주의에 대해서는 더 비판적이었다. 그는 어떤 거대한 존재에서 유출되어 천구와 천체들이 생겨났다는 이븐 시나의 우주론을 받아들이지 않았다. 또 달의 천구 위의 세계와 4원소로 이루어진 지상 세계를 엄격히 구분한 아리스토텔레스의 이론에 따르면, 달의 천구는 그 아래 세계에 영향을 미칠 수 없으므로 달의 천구에서 유출된 것이 지상의 사물을 이루는 일도 불가능하다고 생각했다. 요컨대 그는 위로부터 아래가, 우월한 존재로부터 열등한 존재가 생겨난

다는 이븐 시나의 우주관을 거부했다. 반대로, 그는 아리스토텔레스주의자답게 우주가 '아래로부터 위로' 생겨난다고 생각했다. 이 세상에 존재하는 것들은 '원동자를 향해 나아가려는 욕망'(마치 아리스토텔레스가 말한 '텔로스'와 비슷하다)에 의해 움직인 결과 지금과 같은 모습이 되었다는 것이다.

나아가 이븐 루시드는 플라톤 사상의 핵심이 되는 이데아론을 넘어서고자 했다. 그는 인간이 사물을 지각할 때 추상적 개념을 통해 인식하는 것은 맞지만, 그것이 플라톤이 말한 것처럼 우리 세계의 바깥에 '이데아'와 같은 형태로 독립되어 존재하는 것은 아니라고 생각했다. 사물을 인식할 때 생겨나는 추상화된 개념은 인지될 수 있는 가능성을 지닐 뿐이지 그 자체로 인지된 것이 아니며, 인지되지 않은 채 소멸해버릴 수도 있으므로 독립된 실체라고 보기 어렵다고 주장했다. 더욱이 추상화된 개념은 단일한 실체가 아니라 형상과 질료의 두 부분으로 다시 나눌 수 있다. 예를 들어 '들창코'라는 개념은 '짧고 들려 있다'(형상)는 개념과 '코'(질료)라는 개념이 합쳐져 새롭게 생겨난 것이다. 이렇게 생성과 소멸이 가능하다면, 관념이라는 것이 플라톤이 생각했던 것처럼 독립된 실체라고 보기는 더욱 어렵지 않은가? 이븐 루시드는 신학적으로도 플라톤의 인식론보다 아리스토텔레스의 인식론이 더 옳다고 믿었다. 신이 사물에 대해 알고 있다는 것은 사물 하나하나의 개별적 속성을 모두 안다는 것이지(아리스토텔레스적 관점), 사물들의 보편적 특성을 알고 있다는 것(플라톤적 관점)은 아니라는 것이다.

요컨대 철학자로서의 이븐 루시드는 신플라톤주의의 영향을 받고 있던 이슬람 철학을 아리스토텔레스주의적으로 재편하고자 했으며, 이것이 전지전능한 유일신에 대한 믿음과도 양립할 수 있으리라고 믿었다. 이븐 루시드가 뒷날 유럽에서 존경을 받게 된 까닭은 그가 구체적인 과학적 연구 성과를 많이 남겼기 때문이기도 하지만, 무엇보다도 이와 같은 그의 합리주의적 철학 때문이었다.

천문학자 이븐 루시드

이처럼 이븐 루시드는 아리스토텔레스를 다른 틀에 끼워 맞춰 해석하는 것을 용납하지 않았다. 이러한 입장은 이븐 루시드의 천문학에서도 잘 드러난다. 이븐 루시드는 아리스토텔레스의 《형이상학Metaphysics》에 다음과 같은 주해를 달았다.

> 내가 젊었을 때는 이 연구(천문학)로 성공적인 결론을 얻을 수 있으리라 생각했다. 이제 늙고 보니 몇 가지 장애물 때문에 희망을 버려야 했다. 그러나 내가 천문학에 대해 말하는 것이 아마도 미래의 연구자들의 주의를 끌 수는 있으리라. 우리 시대의 천문학은 그것으로부터 실재를 이끌어낼 수 있는 어떤 정보도 주지 않는다. 우리 시대에 개발된 모형들은 계산과 일치할 뿐, 존재와는 일치하지 않는다.

이 구절은 천문학에 대한 이븐 루시드의 생각을 가장 잘 보여

주는 부분이다. 이븐 루시드는 앞서 살펴보았듯이 마라케시에서 몇 년 동안 천체 관측에 열중할 정도로 천문학에 큰 관심을 갖고 있었고, 당시 그가 접할 수 있는 주요한 천문학 이론을 모두 섭렵했다. 아리스토텔레스는 물론 에우독소스와 그의 제자 칼리푸스(Callippus, BC 370~300), 프톨레마이오스, 나아가 히파르코스나 그 이전의 천문학자들의 이론까지 모두 알고 있었다. 또 아리스토텔레스나 프톨레마이오스의 천문학 이론을 두고 무슬림 천문학자들이 어떤 논쟁을 벌였는지도 충분히 알고 있었다. 그러나 그는 이렇게 많은 이론 가운데 어느 한 이론이 옳다고 내세우지 않았다. 당시 경쟁하던 여러 이론들이 각자 나름의 근거를 가지고 있었고, 다른 한편으로는 어떤 이론도 '우주가 정말로 어떻게 생겼는지'에 대한 확실한 본보기를 보여주지 못했기 때문이다.

이와 같은 혼란은 기존의 어떤 우주구조론도 실제 관측 결과와 완벽하게 들어맞지 않는다는 데서 비롯되었다. 에우독소스가 생각해내고 아리스토텔레스가 다듬었던 동심천구 우주론은 실제 관측 결과와는 영 들어맞지 않았다. 프톨레마이오스는 이를 대신하여 '주전원(周轉圓, epicycle)' 체계를 도입하였는데, 이는 관측 결과를 잘 설명할 수는 있었지만 또 다른 문제를 낳았다. 그 문제점이란 어떤 것인지 다루기에 앞서 우선 주전원을 비롯해 '이심원(eccentric)', '대심(equant)' 등이 어떤 것인지 먼저 살펴보자.

● **주전원**
AD 140년경 그리스의 천문학자 프톨레마이오스가 천구 상에서 행성들의 역행과 순행을 설명하기 위해 제창한 행성의 운동궤도. 주전원 이론은 16세기 중엽에 폴란드의 천문학자 코페르니쿠스가 지동설을 제창할 때까지 계속 신봉되었다.

지구 상에서 화성과 같은 행성을 관찰하면, 매일 같은 자리에 있는 것이 아니라 별자리들 사이를 지나 조금씩 앞으로 가다가 점점 속도가 느려지더니 방향을 바꾸어 뒤로 가고, 다시 방향을 바꾸어 앞으로 가는 것을 볼 수 있다(128쪽의 그림 참조). 이렇게 순행과 역행을 번갈아 하는 행성의 운동을 지구 중심의 우주 구조 안에서 설명하기 위해 고안한 것이 주전원 체계이다. 행성이 지구를 중심으로 단순한 원 궤도를 따라 도는 것이 아니라, 지구를 중심으로 하는 원 둘레에 중심을 둔 작은 원(이것이 '주전원'이다)을 따라 돈다는 것이다. 결과적으로 행성은 그림과 같이 순행과 역행을 반복하는 궤적을 그리게 된다.

그런데 이것으로 끝난 게 아니다. 정밀한 관찰을 거듭한 결과 천문학자들은 행성이 지구 둘레를 도는 속도가 일정하지 않다는 사실을 알게 되었다. 오늘날의 천문학에서는 지구가 태양 주위를 도는 궤도가 원이 아니라 타원이기 때문이라는 것을 알고 있지만 원 궤도 이외의 가능성을 생각할 수 없었던 이들은 원 궤도를 유지하면서도 부등속 운동을 설명할 방법을 찾아내기 위해 머리를 짜냈다. 그 결과 이들은 '이심원離心圓'과 '대심對心'이라는 개념을 고안해냈다. 지구가 아니라 거기서 약간 비껴난 곳(C)을 중심으로 삼아 행성이 돌면서 그리는 원 궤도가 이심원이다. 또 대심은 이심원의 중심을 두고 지구와 대칭을 이루는 가상의 점을 뜻한다. 행성은 이심원의 중심을 따라 도는데, 다만 그 속도는 이심원의 중심에서 보았을 때 일정하지 않다. 행성들이 대심을 기준으로 각속도가 일정하도록(같은 시간에 같은 각도를 움직이도록) 돌고 있기 때문이다.

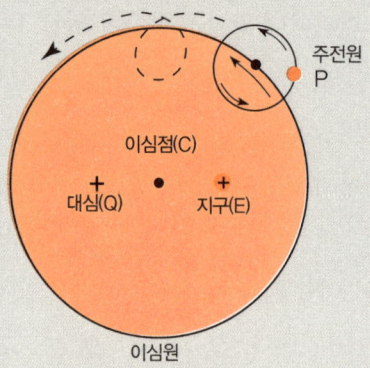

1. **주전원** : 지구 중심 구조에서 행성의 역행을 설명하기 위한 개념. 행성(P)이 지구(E)의 둘레를 그냥 도는 것이 아니라, 지구 중심 궤도 위의 한 점을 중심으로 하는 작은 원 궤도 위를 돈다고 생각하는 것이다. 행성은 주전원 위를 돌고, 주전원의 중심은 지구 둘레를 돌게 되므로 지구에서 본 행성의 움직임은 그림과 같이 순행과 역행을 거듭하게 된다.
2. **이심원** : 계절의 길이가 일정하지 않은 문제를 해결하기 위한 개념. 주전원의 중심이 지구 둘레를 돈다면 행성의 운동 속도가 늘 일정해야 하는데, 이는 실제 관측 결과와 맞지 않는다. 따라서 주전원의 중심이 지구(E) 둘레가 아니라 지구 밖의 한 점(C) 둘레를 돌고 있다고 가정하면, 계절에 따라 행성 운동의 속도가 달라지는 것을 설명할 수 있다.
3. **대심** : 이심원과 같은 이유로 도입한 개념. 실제로 관측되는 행성의 운동 속도는 지구를 중심으로 생각해도, 이심원의 중심(C)을 기준으로 생각해도 규칙성 있게 설명되지 않는다. C에 대해 지구 중심과 대칭인 점 Q를 '대심'이라고 가정하면 행성들의 각속도(같은 시간에 회전하는 각도)는 대심을 기준으로 일정하다.

요컨대 행성은 "지구 바깥의 우주 공간 위의 어느 한 점을 중심으로 한 원의 궤도에 중심을 둔 조그만 원 궤도를 따라 도는데, 큰 원 궤도의 중심이 되는 지구 밖의 한 점을 두고 지구와 대칭을 이루는 한 점을 기준으로 보았을 때 일정한 각속도를 유지하며 돈다." 계산은 잘 들어맞았지만, 이렇게 복잡한 우주 구조는 많은 사람들의 마음을 불편하게 했다. 그리기 복잡하다거나 이해하기 까다롭다거나 하는 것은 둘째 문제였다. 이것은 무엇보다 "과연 우주가 정말로 이렇게 생겼느냐?"라는 의문이 들게 하는 구조였다. 어떻게 행성이 아무것도 없는 우주 공간의 한 점을, 그것도 이심 궤도를 따라 바삐 움직이고 있는 점을 중심 삼아 돌 수 있는가? 어떻게 가상의 점에 불과한 대심이 행성의 각속도가 일정하도록 맞출 수 있는가? 행성들이 이심원의 중심을 따라 돈다면, 지구가 우주의 중심이라는 아리스토텔레스의 이론은 잘못된 것인가?

이븐 루시드는 프톨레마이오스가 주장한 주전원과 이심원 체계를 도저히 받아들일 수 없었다. 그가 생각하는 천문학은 단지 운동을 이론적으로 설명하는 학문이 아니라, 이 우주가 어떻게 생겼고 어떻게 돌아가고 있는지 보여줄 수 있는 학문이라야 했기 때문이다. 그가 생각하기에 주전원의 존재는 근본적으로 불가능했다. 자연스런 원운동을 하는 물체는 우주의 중심을 따라 돌아야지, 다른 중심을 가질 수 없기 때문이다. 모든 천구가 하나의 중심(지구)을 따라 도는 아리스토텔레스의 우주론에 비해, 행성마다 회전의 중심을 따로, 그것도 우주의 중심도 아닌 허공의 어떤 점에 두고 있다는 주전원 체계는 이븐 루시드에게 전혀 이치에 닿지 않는 것이었다. 이븐 루시드는 이심원도 마찬가지로 불가능하다고 생각했다. 원의 중심은 그 주변을 돌아가는 물체들에 따라 결정된다. 만일 천체들이 지구가 아닌 다른 점의 주변을 돈다면, 우주의 중심은 지구가 아니라 바로 그 점이 되는 것이다. 이븐 루시드의 생각으로는 이것은 아리스토텔레스의 물리학에도 어긋나는 주장이었다. 우주의 중심이 지구가 아니라 다른 점(예를 들어 이심원의 중심)이라면, 무거운 물체들은 지구 중심으로 떨어지는 것이 아니라 그곳을 향해 날아갈 것이기 때문이다. 그는 대심에 대해서는 특히 강하게 반대했다. "이심원 천구상에서 일어나는 균일한 운동이 이심원의 중심이 아닌 다른 곳을 기준으로 일어난다"는 주장 자체가 말이 안 된다고 생각했기 때문이다. 이런 점에서 이븐 루시드의 눈에는 프톨레마이오스 천문학 이론은 계산을 쉽게 하려고 임시방편으로 지어낸 수학적인 허구일 뿐, 사물의 본질과는 동떨어진 것이었다.

이븐 루시드는 프톨레마이오스 이론의 문제점을 지적하기는 했지만, 지구가 태양의 주위를 돈다든가 하는 새로운 생각을 하지는 못했다. 무엇보다도 원소 이론, 천문학, 물리학 등이 모두 어우러져 있는 아리스토텔레스의 잘 짜인 자연철학 체계를 포기할 수 없었기 때문이다. 대신 그는 아리스토텔레스의 동심천구 우주론을 다시 잘 다듬어서 되살려내고자 했다. 그는 아리스토텔레스가 최대 55개로 계산했던 동심천구의 개수를 45개까지 줄여보았다. 또 이븐 루시드는 동심천구 우주론만으로 설명하기 곤란한 행성의 미묘한 운동을 설명하기 위해, 행성이 천구에 매달려 천구와 함께 돌아가는 한편, 천구 안을 돌아다니며 독특한 운동을 하기도 한다고 주장했다. 이븐 루시드는 왕과 대신의 예를 들어 이를 설명했다. 대신들은 왕을 본받아 나랏일에 힘쓰지만, 각자 자기만의 고유한 직무를 가지고 있다. 마찬가지로 행성들도 원동자로부터 운동을 이어받아 비슷한 운동을 하지만, 각각의 행성은 자기만의 고유한 운동을 가지고 있다는 것이다. 다만 이븐 루시드는 이런 생각을 새로운 이론으로까지 발전시키지는 않았다. 앞서 말했듯 새로운 체계를 내놓기에는 그의 시대의 천문학이 너무 혼란스러운 상황이었기 때문인지도 모르겠다.

한편 "아리스토텔레스로 돌아가자"는 주장은 이븐 루시드의 스승이었던 이븐 투파일이나 알비트루지 al-Bitruji, ?~1204 등 코르도바를 중심으로 활동했던 당대의 다른 무슬림 천문학자들에게서도 나왔다. 이들은 주전원과 이심원을 쓰지 않고 아리스토텔레스의 동심천구 이론을 옹호했으며, 동심천구 이론으로 설명되지 않는 부분을 해결하기 위해 천체가 천구에 꼭 붙어 있는 것이 아니라 천구 위에서 나선 운동을 한다는 생각을 덧붙이기도 했다. 다음 세기의 천문학자 나시르 알딘 알투시 Nasir al-Din al-Tusi, 1201~1274는 이를 발전시켜 이심원과 대심 등을 쓰지 않고, 큰 구의 안쪽에 작은 구가 들어가 돈다는 독창적인 방식으로 행성 운동을 설명하고자 했다. '투시의 대원大圓'으로 알려진 이 체계는 14세기에 이븐 알샤티르 ibn al-Shatir, 1306~1375가 더욱 세련된

> ● **나시르 알딘 알투시**
> 이슬람의 수학자·천문학자. 나시르 에딘이라고도 한다. 아랍어와 페르시아어로 집필한 60여권의 저서는 대부분 그리스의 지식에 관한 것이었다. 자신의 소유지에서 나오는 수입으로 말라카에 천문대와 도서관을 설립하기도 했다.

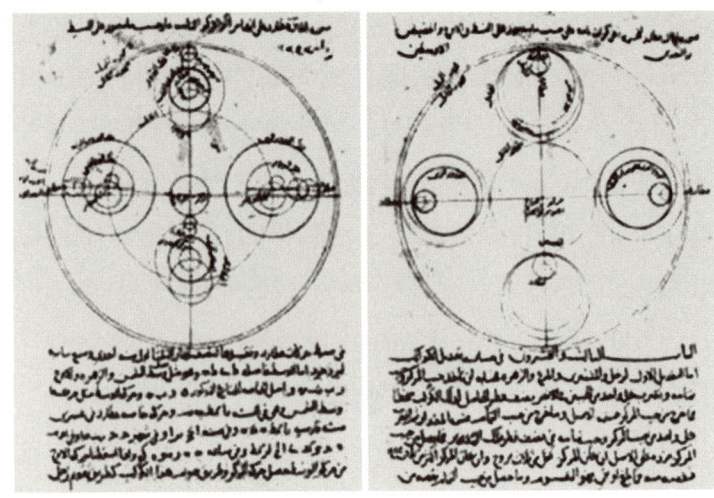

이븐 알샤티르가 고안한 행성 운동 모델. 주전원을 쓰지 않기 위해 큰 천구 안에서 작은 천구가 도는 식으로 행성 운동을 설명하고자 했다.

모습으로 다듬었다(위의 그림 참조). 근래에는 코페르니쿠스가 태양중심설을 생각해내기 전에 이들의 저작을 보고 영향을 받았을 가능성도 제기되고 있다.

의사 이븐 루시드

이븐 루시드는 왕의 주치의로 10여 년 동안 일했을 정도로 뛰어난 의사이기도 했다. 그는 인체를 연구하면 신의 섭리를 알 수 있다고 생각하여 "해부학을 직업으로 삼는 사람은 신에 대해 더 많은 믿음을 갖게 될 것이다"라는 말을 남겼다고 한다. 이븐 루시드는 1182년 이븐 투파일이 고령으로 은퇴하자 그의 뒤를 이어 아부 야쿱 유수프 왕의 주치의가 되었고, 그의 아들인 야쿱 알만수르가 왕위를 이어받은 뒤에도 1195년까지 왕의 주치의로 봉직했다.

이븐 루시드의 주요한 의학 저술은 《의학총론》이라고 불리는 책으로, 마라케시에서 활동할 무렵인 1153년에서 1169년 사이에 쓴 것이다. 주로 갈레노스와 히포크라테스의 이론을 토대로 인체의 구조(해부학), 건강과 질병, 약과 음식, 위생, 각종 질병의 치료법 등에 대해 전반적으로 다루고 있다. 그의 친한 친구 이븐 주흐르는 여기에 대응하는 책으로 《의학각론》을 쓰기도 했다. 두 사람의 책은 아마도 이븐 시나의 《의학정전》에 실린 내용이 스페인의 기후와 사람에 잘 들어맞지 않아 《의학정전》 대신 교과서로 쓰기 위해 만들었을 것으로 추정된다.

보수 신학자들의 박해

이븐 루시드는 1195년까지 알모하드 궁정의 주치의로 일하는 한편, 아리스토텔레스의 저술에 대한 38권의 주해서를 썼다. 또 자신의 이름으로 여러 권의 의학 책과 철학 책도 썼다. 이븐 루시드의 철학 책은 주로 신학자들의 공격에 맞서 철학의 가치를 옹호하는 것들이었다.

그는 결코 무신론자는 아니었지만 동시대의 사람들과 비교하면 분명 의심 많고 까다로운 신자였다. 이븐 루시드는 《쿠란》의 표현을 곧이곧대로 받아들여서는 신의 본질에 대해 오해하게 된

다고 생각했다. 예를 들어 《쿠란》에 신이 왕좌에 앉고, 자기의 천지창조가 좋다는 것을 보며, 또한 사람들의 기도를 듣는다고 적혀 있다고 해서 신이 사람처럼 몸통, 눈, 귀 따위를 갖고 있으리라고 곧이곧대로 믿어서는 안 된다는 것이다. 마찬가지로 이븐 루시드는 신의 기적, 육신의 부활, 영혼의 불멸 등을 모두 자기가 납득할 수 있는 방식, 즉 아리스토텔레스주의적인 방식으로만 믿고 받아들였다. 그는 아리스토텔레스가 말한 네 가지 원인을 갖추지 않고서는 전지전능한 신이라고 해도 마음대로 기적을 일으킬 수 없다고 믿었다. 또 질료 없이 형상만 홀로 존재할 수 없다는 아리스토텔레스의 생각에 따라, 육신은 인간의 질료이고 영혼은 그 형상이므로 "사람이 죽고 나서 영혼만 남아 돌아다니는 일은 불가능하다"고 주장했다. 이 마지막 주장은 "영혼은 사라지지 않으며 '최후의 심판' 날에 육신과 다시 결합해 부활할 것이다"라는 기독교와 이슬람교의 근본 교리를 정면으로 거스르는 것으로 해석될 수 있었으므로 이븐 루시드는 자신의 주장을 조금 완곡한 형태로 손을 보아야만 했다. 그는 "영혼은 불멸하지만 태초부터 지금까지 살았던 모든 사람의 영혼이 하나하나 남아 있는 것은 아니다"라는 독특한 해석을 내렸다. 불멸하는 것은 인간 지성의 집단적 총체이고, 개인의 영혼은 질료인 육신이 사라지면 그 총체적 지성 안으로 흡수되어 들어가지만, 개인이 지니고 있던 도덕적 덕목 같은 것들은 잊혀지지 않고 남아 있으므로 심판의 날에 다시 육체를 찾아 형상과 질료가 결합하는 일이 가능하리라는 것이다.

당연한 일이었겠지만, 주변의 신앙심 깊은 많은 무슬림들은 이븐 루시드의 이와 같은 위험천만한 생각들을 반기지 않았다. 그들이 보기에 이븐 루시드의 생각은 지나치게 그리스 철학에 물든 것이었다. 대부분의 무슬림들은 한 세대 전에 활동했던 신비주의 철학자 알가잘리^{al-Ghazali, 1058~1111}의 주장이 이슬람 사상의 본질에 더 충실하다고 생각했다. 알가잘리는 《철학자의 오류》에서 아리스토텔레스와 이븐 시나를 비판하면서, "모든 일에 원인과 결과가 갖추어져야 한다는 생각은 인간이 빚어낸 착각일 뿐이다"라고 주장했다. 모든 일의 결과를 낳는 것은 자연이 아니라 바로 신이며, 신은 자신이 원하는 결과는 무엇이든 나타나게 할 수 있으므로 신에게 인과율 따위는 의미가 없다는 것이다. 이븐 루시드는 알가잘리의 《철학자의 오류》를 반박하기 위해 《'오류'의 오류》라는 책을 써내기도 했으나, 시대의 분위기는 점차 그에게 등을 돌리고 있었다.

게다가 이베리아 반도의 정치적 상황 때문에 이븐 루시드와 같은 비정통적 사상가들이 설 자리는 더욱 좁아졌다. 이베리아 반도의 기독교도들은 8세기 이래 5백 년 가까이 무슬림들의 지배를 받아왔지만, 차츰 큰 세력을 이루어 11세기 말부터 무슬림 도시국가들을 하나씩 점령해나가기 시작했다. 기독교인들을 대적하기가 힘에 겨웠던 스페인 무슬림들은 바다 건너 북아프리카의 무슬림들에게 도움을 요청했는데, 지브롤터 해협을 건너온 북아프리카 무슬림들이 도리어 정복자 행세를 하면서 스페인은 더 큰 혼란 속으로 빠져 들었다. 혼란의 틈바구니에서 스페인 이슬람 사회는 과거의 관용을 잊어버리고 점점 더 보수적으로 변해갔다. 어느 시대에나 관용은 강자의 덕목이며 또 강자만이 행

사할 수 있는 특권이다. 이슬람 제국은 전성기에는 기독교 사회에서 배척당한 학자들을 받아들여 그들의 종교를 보장하는 관대함을 보여주었지만, 기독교 세력이 강성해지자 방어적인 입장으로 돌아서서 사상적 차이에 대해 점점 더 예민하게 반응하기 시작했다. 이븐 루시드가 섬겼던 알모하드 왕조도 북아프리카에 기반을 둔 정복 왕조 중 하나였다. 알모하드 왕조의 창시자는 종교적 순수성을 되찾아 기독교인들에 대한 항쟁에 나설 것을 주장하여 민심을 끌어 모은 종교 지도자였다. 따라서 알모하드의 왕들이 개인적으로 이븐 루시드의 재능을 총애했음에도 불구하고 종교적 열정이 지배하는 알모하드 왕국의 영토에서는 그를 비난하는 소리가 점점 더 높아져만 갔다.

    1195년, 보수적인 말리키 학파Malikiyah의 학자들이 선봉에 나서 이븐 루시드를 공개적으로 공격했다. 이들은 위기에 놓인 이슬람 사회의 기틀을 흔들 수 있는 어떤 주장도 용납해서는 안 된다고 주장했다. 이븐 루시드의 사상은 그들의 눈에는 신의 전지전능함에 인과율이라는 족쇄를 채우고 영혼의 불멸을 부정하는 것으로 보였다. 이런 무신론과 다를 바 없는 위험 사상의 싹을 뽑지 않고는 기독교인들과의 싸움에서 이길 수 없다는 것이 그들의 주장이었다. 이븐 루시드는 자신에 대한 비난의 목소리가 높아지자 코르도바의 궁정을 떠나 루체나Lucena로 피신했지만, 곧 코르도바의 법정에 출두해야만 했다. 코르도바의 대법관이었던 이븐 루시드는 이제 칠순을 바라보는 나이에 피고인석에 서서 그의 사상이 유죄 판결을 받는 것을 지켜봐야 했다. 이븐 루시드의 철학 책은 압수되어 불살라졌고, 학교에서 그의 철학을 강의

하거나 연구하는 일은 금지되었다. 어떤 책들은 용케도 불길을 피해 살아남아 후세에 전해질 수 있었지만, 아리스토텔레스의 《논리학Logic》과 《형이상학》에 대한 주해서 중 몇 권은 한 권도 남김없이 불에 타버려 더 이상 전해질 수 없게 되고 말았다.

이런 가혹한 조치들은 알만수르의 본심에서 나온 것은 아니었던 듯하다. 알만수르는 말리키 학파의 입김이 덜한 마라케시로 돌아오자마자 판결을 취소하고 코르도바 근처에 유배되어 있던 이븐 루시드를 불러들였다. 하지만 궁으로 돌아온 기쁨을 누리기에는 이븐 루시드에게 남겨진 시간이 너무 짧았다. 이븐 루시드는 3년 뒤인 1198년 세상을 떠났고, 그의 유해는 마라케시에 묻혔다가 나중에 성대한 장례식과 함께 코르도바로 이장되었다.

대선배였던 이븐 시나와 마찬가지로 이븐 루시드도 생의 막바지에 완고한 신학자들로부터 박해를 당했다. 이븐 루시드가 세상을 떠날 무렵을 전후하여 이베리아 반도에서는 기독교 세계에 대한 이슬람 세계의 우위가 끝나가기 시작했고, 이슬람 철학의 전성기도 함께 저물어갔다. 무슬림 철학자들은 신학교의 정규 교육 과정에서 가르칠 기회를 얻지 못하고 주로 개인 교습소 형태로 학생을 받아 그리스 철학과 과학을 가르쳤다. 따라서 이베리아 반도가 정치적 혼란에 빠지자 이들의 활동도 급속히 위축될 수밖에 없었다. 기독교도들은 1085년에는 톨레도Toledo를, 1236년에는 코르도바를, 1248년에는 세비야를 각각 점령했다. 그리고 1492년에 그라나다Granada에서 이베리아 반도의 마지막 무슬림 국가가 멸망하면서 스페인과 포르투갈 지역에 5백 년 동안 쌓여온 이슬람 문화의 유산은 모두 기독교인의 손으로 넘어

갔다. 먼 옛날 이슬람의 군대가 알렉산드리아의 도서관을 손에 넣었을 때와 마찬가지로, 이제 기독교인의 군대는 주체할 수 없을 정도로 커다란 전리품 앞에 마주 서게 되었다. 누가 이것을 읽을 것인가? 이들은 이 책들로부터 무엇을 얻을 것인가?

만남 6

유럽을 뒤흔든 아베로에스주의

아리스토텔레스의 책을 찾아서

움베르토 에코의 소설 《장미의 이름》은 아리스토텔레스의 《시학 Poetics》을 찾는 윌리엄 수도사와 그 책이 사람들에게 알려지지 않도록 안간힘을 쓰는 노(老)수도사 호르헤의 갈등을 중심으로 전개된다. 그런데 현대인들이 이 책을 읽다 보면 문득 궁금해할 만한 대목이 있다. "당시 최고의 지식인들이 어째서 아리스토텔레스의 《시학》이 몇 권까지 있는지도 제대로 알지 못하고 논쟁을 벌이는 것일까?" 답은 간단하다. 책이 워낙 없기도 했고, 어디에 무슨 책이 있는지 제대로 아는 사람도 없었으니까.

유럽에서는 5세기 서로마 제국이 멸망한 이래 오랜 정치적 혼란으로 많은 저술과 기록들이 불에 타 사라지고, 나라와 지역 사이의 학문적 교류가 단절되었다. 전쟁의 불길을 용케도 피한 오래된 수도원들에는 귀중한 책이 더러 남아 있기도 했다. 하지만

● **보에티우스**
가톨릭 순교 성인. 뛰어난 학식을 인정받아 테오도리쿠스 대제 시대에 집정관을 거쳐 최고 행정 사법관이 되었다. 전 집정관 알비누스를 옹호하다가 반역 혐의를 받아 파비아 감옥에 갇혀 순교했다.

어느 수도원에 어떤 책이 얼마나 남아 있는지 소상히 아는 사람도 거의 없었을뿐더러, 그런 소식이 제대로 전해지지 않았기 때문에 다른 지역의 학자들이 알 수도 없었다. 중세 유럽에서 가장 유명한 고대 철학자였던 아리스토텔레스의 경우도 크게 다르지 않았다. 보에티우스 Boetius, 470?~524 와 같은 몇몇 학자들이 아리스토텔레스의 저술 가운데 극히 일부분(주로 논리학에 관한 것)을 라틴어로 번역한 것이 남아 전해지고 있을 뿐이었다. 아리스토텔레스 사상의 전모가 어떤 것이었는지, 당시 알려진 논리학과 형이상학 저술들이 그 전체 사상의 체계 안에서 어떤 자리를 차지하고 있었는지 당시의 유럽인들로서는 제대로 알 수 없었다.

이런 암담한 상황이 바뀌기 시작한 것은 12세기 이후의 일이었다. 사라져버린 줄만 알았던 플라톤과 아리스토텔레스의 책들이 유럽에 홍수처럼 쏟아져 나오기 시작했고, 유럽의 학자들은 자신들이 몰랐거나 잘못 이해하고 있었던 고대 그리스 철학자들의 원문을 접하고는 경악을 금치 못했다. 그 귀중한 선물은 다름 아닌 이슬람 세계로부터 왔다.

번역의 홍수

1095년부터 약 2백 년 동안 성지 회복을 빌미로 벌어진 십자군 전쟁은 결국 참혹한 약탈과 살육의 흔적만을 남긴 채 실패로 끝났다. 그러나 유럽 사람들은 예루살렘을 되찾지는 못했지만 참혹한 전쟁의 대가로 많은 것을 얻었다. 1천 년 가까이 지속된 폐쇄된 생활에서 비로소 벗어나게 된 것이다. 유럽 사람들은 전쟁을 통해 자신들보다 앞선 문명과 1백여 년 동안 속살을 드러내고 교류함으로써 많은 것을 배웠다.

비슷한 시기, 전쟁은 유럽의 반대쪽 끝에서도 벌어졌다. 이베리아 반도의 기독교인들은 무슬림들을 몰아내고 새로운 기독교 국가를 세웠다. 톨레도나 코르도바와 같은 유서 깊은 무슬림의 도시에 기사들의 뒤를 따라 들어선 기독교 사제들은 그 화려함에 놀라움을 감출 수 없었다.

무슬림들은 단순히 물질적으로만 풍요로웠던 것이 아니었다. 무슬림 국가의 왕과 귀족들은 유럽의 기사들과는 달리 글을 읽고 쓸 수 있었으며, 학자들과 학문적 토론을 즐겼다. 유럽의 수도원들이 읽을 줄도 모르고 어디에 쓸지도 모르는 책들을 모셔 두기만 했을 무렵, 이베리아 반도에서는 국가가 운영하는 대학과 도서관에서 학문이 꽃피고 있었다. 기독교인 의사들이 주문을 외우거나 피를 뽑는 것이 치료의 전부라고 믿고 있던 무렵, 이베리아 반도의 무슬림과 유대교도 의사들은 정밀한 안과 수술을 하고 그 기록을 책으로 남기고 있었다. 기독교 성직자들은 새로 점령한 도시에서, 소문만 들었을 뿐 진짜로 있는지 없는지조

차 모르고 있었던 책들로 가득 찬 도서관을 발견하고는 입을 다물지 못했다. 그곳에는 아리스토텔레스의 자연철학, 에우클레이데스의 기하학, 갈레노스의 의학 책이 모두 갖추어져 있었다. 더구나 이 책들은 모두 아랍어로 번역되어 깔끔하게 주해까지 달려 있었다. 이제 기독교 수도사들이 배움의 신세계를 열어젖히기 위해 해야 할 일은 자명했다. 이것들을 모두 번역하자!

유럽의 학자들이 아무런 노력도 하지 않고 있다가 이슬람의 학문적 성과를 덥석 가로챈 것은 아니다. '돼지 목에 진주'라는 말이 있듯이 아무리 좋은 선물도 그것을 받는 쪽에서 받을 준비가 되어 있지 않다면 소용이 없다. 사실 유럽의 학자들은 얼마 전부터 그리스와 이슬람 세계의 선배들이 일찍이 생각해보았던 바로 그 질문들에 대해 생각하기 시작했다. 우주는 어떻게 생겼을까? 이 세계에 시작과 끝이 있다면 시간에도 시작과 끝이 있는가? 우리가 사는 세계는 무엇으로 이루어져 있는가? 이 세상은 필연적인 법칙을 따르는가? 그런 법칙이 있다면 인간이나 신의 의지는 무슨 의미가 있는가? 등의 질문들이 꼬리에 꼬리를 물고 생겨났다.

이런 문제 제기에 공감하는 이들이 점점 늘어날 무렵 이슬람 세계로부터 책이 쏟아져 들어오자, 이는 타는 불에 기름을 부은 격이 되었다.

먼저 이베리아 반도를 중심으로 아랍어 책들이 히브리어를 거쳐 라틴어로 번역되었다. 아리스토텔레스의 자연철학 책들, 프톨레마이오스의 《알마게스트 Almagest》, 에우클레이데스의 《기하학 원론》, 알콰리즈미의 《복원과 대비》 등이 이렇게 유럽에 소개되었다. 지식에 굶주렸던 학자들은 여기서 멈추지 않고 그리스어 원본을 찾아 라틴어로 직접 옮기고자 하였다. 이슬람 세계와 무역이 활발하던 이탈리아의 항구 도시를 중심으로 그리스어로 된 책들이 수입되었고, 왕과 황제의 후원을 받은 학자들이 이를 라틴어로 옮겼다. 그야말로 '번역의 홍수'였다.

아리스토텔레스는 중세 유럽에서 오랫동안 뛰어난 논리학자로만 알려져 있었다. 하지만 그의 저작의 방대한 전모가 알려지자 그의 자연철학에 대한 연구가 새롭게 불붙기 시작했다. 사제와 수도사들은 아리스토텔레스의 철학 체계를 기독교 신앙과 조화시키기 위해 노력했다.

한편 교회 밖에서 학생들을 가르치던 대학 교수들은 아리스토텔레스의 가르침에 따라 합리주의적 접근 방법을 밀고 나갔고, 그 결과 신학자들이 달가워하지 않을 만한 결론에 이르곤 했다. 1백여 년 전 이슬람 세계를 뜨겁게 달구었던 논쟁이 기독교 세계에서 다시 되풀이될 참이었다. 그리고 합리주의의 길을 택한 이들이 가장 든든한 후원자로 삼은 것이 이븐 루시드, 라틴어로는 '아베로에스'였다.

'아베로에스주의'와 가톨릭 교회의 갈등

이슬람 세계에서도 그랬던 것처럼, 기독교인들도 이븐 시나(아비센나)의 주해를 통해 먼저 아리스토텔레스의 사상을 받아들였다. 이븐 시나의 신플라톤주의적 관점이 종교적으로 이해하기

쉬웠기 때문이다.

하지만 이븐 루시드의 방대한 주해서가 유럽에 소개되자 곧 철학자들은 그의 철저한 합리주의에 매료되었다. 얼마 지나지 않아 유럽의 대학에서는 이븐 루시드가 해석한 방식을 따라 아리스토텔레스를 읽는 것이 대세가 되었다. 아리스토텔레스 주해서에서 드러난 이븐 루시드의 사상은 '아베로에스주의'라고 불렸고, 그에 공감하는 철학자들, 즉 '아베로에스주의자'들이 유럽의 지성계를 지배하기에 이르렀다.

'아베로에스주의'의 전당이 된 곳은 대학이었다. 중세 유럽의 대학에서는 신학자를 길러내기도 했지만, 장차 신학을 할 것인지 아닌지에 관계없이 모든 학생들에게 교양과목으로서 철학(논리학, 수사학, 문법)과 과학(산수, 기하학, 천문학, 음악)을 가르쳤기 때문이다. 교양과목 수업에 쓰이는 교재는 대부분 아리스토텔레스를 비롯한 그리스 철학자들의 저작이었는데, 이것들은 원문 그대로 읽힌 것이 아니라 이븐 루시드를 비롯한 후대 학자들의 주해와 함께 읽혔다. 따라서 대학생들은 교양과목 수업을 통해 아리스토텔레스와 이븐 루시드의 철학에 흠뻑 젖어 들게 되었고, 대학 사회는 곧 합리주의 철학의 지배를 받게 되었다.

이븐 루시드가 보수적 무슬림 법학자들과의 충돌을 피할 수 없었던 것처럼, 유럽의 대학에서 합리주의적 경향이 강해지자 철학자와 신학자 사이에 마찰이 일어나기 시작했다. 처음에 철학자들은 자신들의 본분을 지켜 신학자들의 비위를 거스르지 않기 위해 애썼다.

하지만 13세기 무렵이 되자 철학자들은 자신감을 얻어 신학의 권위에 도전하기 시작했다. 물론 기독교가 지배하던 중세 유럽 사회에서 신학의 가르침이 틀렸다고 선언할 간 큰 철학자는 없었다. 하지만 "적어도 이 문제에 대해서는 신학자보다는 철학자가 더 권위 있는 해석을 내릴 수 있다"는 식의 주장이 슬슬 고개를 들었다.

13세기에 이르러서는 파리와 이탈리아의 대학에서 일하는 철학자들 가운데서는 공공연하게 "신학자가 보는 진리와 철학자가 보는 진리는 다르다"거나 "철학자가 판단하지 못할 문제란 없다"고 말하는 이들까지 나타났다. 이들은 이븐 루시드의 다음과 같은 주장들을 발전시켜 신학자들을 난처하게 만드는 질문들을 계속해서 쏟아내었다.

"세계는 영원한 것이다.", "최초의 인간은 없었고 최후의 인간도 없을 것이다."
- 성서에서 가르치는 천지창조와 최후의 심판을 부정

"어떠한 속성도 물질적 실체와 따로 떨어져 존재할 수 없다."
- 빵과 포도주가 미사 도중에 '그리스도의 몸과 피'로 변한다는 가톨릭 교회의 믿음을 부정. 빵이란 물질적 실체가 그 속성을 내버리고 '그리스도의 몸'이라는 속성을 취한다는 이야기가 되기 때문.

"자연의 과정은 규칙적이고 변하지 않는다."
- 신의 기적을 부정.

"영혼은 육신이 죽은 뒤에는 살지 못한다."
- 천국과 부활을 부정.

이븐 루시드

안드레아 다 리펜체의 〈성 토마스의 승리와 과학의 우의(寓意)〉. 토마스 아퀴나스가 가운데 윗자리를 차지하고 있고, 아래 줄에는 과학과 기술의 각 분야가 인물로 형상화되어 있다. 아퀴나스의 발 아래 이븐 루시드가 쭈그려 앉아 있는 모습(원 안)은 '이성과 신앙을 조화시킨 스콜라 철학이 이성만을 강조하는 이븐 루시드의 철학보다 우월하다'는 가톨릭 교회의 신념을 상징하는 것이다.

    교회는 철학자들이 신앙의 문제를 건드리는 것을 달갑지 않게 여겨 여러 차례에 걸쳐 견제에 나섰다. 심지어 1272년부터는 파리 대학의 교양학부 교수가 되려는 사람들은 "신학적 문제를 다루지 않겠으며, 어쩔 수 없이 다루어야만 할 경우에는 신앙의 편에 서겠다"는 맹세를 해야만 했다. 그러나 한 번 열린 의심의 문을 도로 닫을 수는 없었다. 이븐 루시드의 세례를 받은 철학자들은 성서와 교회의 가르침에 대해 점점 더 많은 의심과 질문을 던지기 시작했다. 가톨릭 교회는 더 이상 아베로에스주의가 힘을 얻어서는 위험하다고 판단하고, 철학자들의 움직임에 제동을 걸기 시작했다. 파리의 대주교 에티엔 탕피에는 1270년과 1277년 두 차례에 걸쳐서 '위험한 철학적 명제들'을 가르치거나 토론할 것을 금지하는 포고를 내렸다. 모두 2백여 개의 철학적 명제들이 금지되었다. '신학의 시녀'인 철학이 자기 본분을 잊고 주인의 자리를 넘보는 것에 대해 교회가 나서 엄히 경고한 셈이다. 그 결과 일단 대학에서 공개적으로 이븐 루시드의 주장을 옹호하는 교수는 찾아보기 어렵게 되었다.

이후 가톨릭 교회에서는 이성만을 진리의 원천으로 강조한 아베로에스주의를 대신하기 위해, 이성과 신앙의 조화에 초점을 맞춘 '스콜라 철학'을 공식적으로 인정하였다. 스콜라 철학은 뒷날 성인의 칭호를 얻은 토마스 아퀴나스가 집대성한 것으로, 아리스토텔레스를 비롯한 그리스 철학과 논리학의 전통을 이어받으면서도 이븐 루시드와 같은 엄격한 합리주의와는 거리를 두어 신앙과 이성의 공존을 추구하였다. 프랑스와 이탈리아의 일부 대학에는 17세기까지도 신앙에 대한 이성의 우월함을 주장하는 '라틴 아베로에스주의자'들이 남아 있었지만, 전반적으로는 대학에서도 교리에 대해 공개적으로 의문을 제기하는 철학자는 차츰 줄어들었다.

이렇게 종교 지도자들은 신학과 철학 사이에 다시 한번 금을 그었고, 그 금은 16세기 '과학혁명'이 시작될 때까지 흐려지지 않은 채 남아 있었다.

바티칸 미술관 스탄차 델라 세나투라(Stanza della Segnatura)에 소장되어 있는 라파엘로 산치오(Raffaello Sanzio, 1483~1520)의 〈아테네 학당〉(1509~1510). 아리스토텔레스가 한가운데에서 플라톤과 이야기를 나누며 학당 안으로 걸어 들어오고 있다. 이븐 루시드는 피타고라스의 어깨 너머로 책을 엿보고 있다(원 안). 사실 이 그림에서 이븐 루시드는 정당한 평가를 받지 못하고 있다. 그는 수학을 주로 연구한 것도 아니었으며, 다른 사람의 책을 엿보지 않아도 될 정도로 스스로 많은 업적을 남겼기 때문이다. 이 그림에서 라파엘로는 이븐 루시드를 고대 그리스의 현인(賢人)들의 업적을 어깨 너머에서 훔쳐본 사람쯤으로 묘사하고 있다. 하지만 16세기 르네상스의 화가가 그리스의 기라성 같은 철학자들을 화폭에 옮기면서 '이교도 철학자'의 자리를 마련해두었다는 사실만으로도 이븐 루시드가 '옛 현인들'과 나란히 존경받고 있었음을 알 수 있다.

과학적 사고, 인류 공동의 유산

1277년 이후 이븐 루시드의 사상은 교회에 의해 금지되었고 아리스토텔레스의 철학도 비판의 도마에 올랐다. 그러면 유럽에서 이들의 영향력은 그것으로 끝났을까?

사실은 그렇지 않았다. 아리스토텔레스와 이븐 루시드의 철학, 즉 지식을 얻기 위한 방법론을 논의하는 것은 금지되었지만, 그들이 남긴 구체적이고 경험적인 연구 문헌들을 공부하는 것은 금지되지 않았다. 1277년의 금지령 이후 자연에 대한 경험적 연구는 오히려 더 활발해졌다. 더욱이 아리스토텔레스의 권위가 한풀 꺾이면서, 그동안 아리스토텔레스와 이븐 루시드의 절대적 권위에 얽매여 있던 기독교 철학자들이 한발 물러서서 그들의 주장을 다시 한 번 생각해볼 여유를 갖게 되었다. 이들은 권위의 틀을 벗어버리고 아리스토텔레스와 이븐 루시드의 구체적 주장들을 이해하기 위해 노력했다. 그리고 그 주장들의 장단점을 다 이해하고 나서는 단점을 보완하기 위해 자신들의 이론을 덧붙였다. 그 결과 중세 후반에는 자연에 대한 이해의 폭과 깊이가 200~300년 전과 비교해 몰라볼 만큼 넓고 깊어졌다. 16세기의 '과학혁명'은 이렇게 비옥해진 중세 과학의 흙 속에서 싹을 틔웠다.

유럽의 학자들은 15~16세기가 되면서 여러 면에서 이븐 루시드를 넘어섰다. 하지만 이븐 루시드를 넘어선 이들 역시 이븐 루시드의 후배였다. 이븐 루시드야말로 아리스토텔레스의 모든 것을 이해함으로써 아리스토텔레스를 넘어서고자 한 최초의 인물이었기 때문이다. 아리스토텔레스와 이븐 루시드, 그리고 중세

후기 유럽의 철학자들. 수백 년의 시간과 언어, 종교, 문화의 차이를 건너뛰어 서로를 스승처럼 여기고 교류할 수 있었던 까닭은 무엇일까? '자연을 합리적으로 이해하고 싶다'는 공동의 목표가 있었기 때문이다.

모든 초자연적인 요인을 제거하고 자연을 합리적으로 이해하고자 했던 이들의 욕구는 결국 자연철학의 비약적 발전을 가져왔다.

아리스토텔레스와 이븐 루시드의 학설이 비록 완전치 못한 것이었지만, 후대의 학자들은 그들이 이뤄놓은 것 위에서 한발을 더 내딛을 수 있었다. 그리고 아리스토텔레스와 이븐 루시드의 자연철학의 내용을 비판했던 사람들도, 자연철학을 탐구하는 이들의 태도는 그대로 물려받았다. "전지전능한 신이라고 해도 자연 법칙만큼은 어길 수 없다"는 신념, 그것이야말로 수천 년의 시간을 뛰어넘어 오늘날까지도 자연을 탐구하는 과학자들의 가슴속에 간직하고 있는 태도라고 할 수 있다.

고대 그리스에서 처음으로 시작된 자연에 대한 합리적인 탐구는 이슬람 세계를 거쳐 중세 유럽에서 열매를 맺었다. 이것은 그리스, 이슬람, 중세 유럽 어느 한 문명의 작품이라기보다는 세 문명이 십시일반으로 힘을 보태 만든 위대한 합작품이다. 그런 의미에서 중세 유럽의 과학은 엄밀히 말하면 '유럽 과학'이 아니라 '그리스-이슬람-라틴 과학'이라고 해야 할 것이다. 이들 세 문명은 언어, 종교, 문화 등 모든 면에서 이질적이었지만, 서로 장점만을 계승하여 하나의 과학을 만들어냈다. 과학사학자 에드워드 그랜트 Edward Grant는 이를 가리켜 '역사상 가장 위대한 다문

화주의의 성공 사례'라고 했다. 인류 공동의 유산인 '과학적 사고'가 여러 문명의 협력으로 성숙할 수 있었던 것이다.

Aristoteles

Chapter 3

대화
TALKING

Ibn Rushd

> 대화

자연철학자와 천문학자들의 우주 상상하기
원, 원, 이거야 원……

프롤로그

아리스토텔레스는 에우독소스와 함께 무대 중앙에서 50여 개의 천구를 겹쳐 천구의^{天球儀}를 만들려고 애를 쓰고 있다. 하지만 좀처럼 성공하지 못하자 두 사람은 한숨을 쉬며 이마의 땀을 훔치고 있다. 피타고라스는 오른쪽 구석에서 바닥에 원을 그리며 노래를 흥얼거리고 있다. 뉴턴이 무대 뒤에서 걸어 들어온다.

|피타고라스| (노래를 부른다) 동그라미~그리~려다~ 무심~코 그~린 얼굴~.

|뉴턴| 선생님들, 안녕하십니까? 저런, 천구의를 조립하시는 일이 무척 어려운 모양입니다그려.

|아리스토텔레스| 휴…… 우주는 분명히 이렇게 생겼을 텐데, 왜 모형을 조립하는 일이 이다지도 어려운 걸까?

|뉴턴| 어려울 만도 하지요. 쉰 개가 넘는 동심천구를 일일이 포개서 조립하려면 보통 일이 아니잖아요? 게다가 행성 하나마다 천구가 네 개씩, 회전축은 바깥쪽부터 각각 적도, 황도, 적도, 황도와 수직이 되도록 만들어야 하고요. 회전 속도는 또 어떻습니까? 맨 바깥 천구는 서쪽으로 하루에 한 바퀴를 도는데, 두 번째 천구는 동쪽으로 도는 데다가 한 바퀴 도는 데 2백 일 남짓 걸리고, 세 번째와 네 번째 천구는 똑같은 속도로 서로 반대 방향으로 돈다니요? 어이쿠, 설명하기도 숨이 찹니다. 당최 종잡을 수가 없는데 이걸 어느 세월에 다 조립하고 움직여 본단 말입니까? 솔직히 저는 포기하시라고 권하고 싶습니다만.

|에우독소스| 포기라니? 그럴 순 없소. 내가 이 이치를 깨닫느라 얼마나 고생을 했는데! 구가 좀 많이 필요하다는 건 솔직히 인정하지만…….

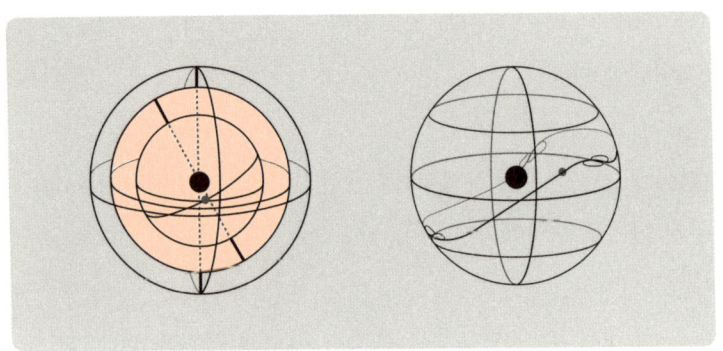

네 천구의 운동을 합성하면 위의 그림과 같은 겉보기 운동을 하게 된다.

|뉴턴| 실례가 되겠습니다만, '깨달았다'는 말씀은 제게는 영 이상하게 들립니다. 깨달았다기보다는 '지어냈다'는 말이 더 어울리지 않을까요? 선생님들 생각에는 정말로 우주가 이렇게 생겼을 것 같습니까? 우주가 어찌 이렇게 복잡하답니까? 제 생각에는 우주의 질서는 단순하고도 명쾌할 것 같은데요.

|아리스토텔레스| 어허, 젊은 친구가 입이 제법 험하구먼. 하긴 성격이 까다로워 친구가 별로 없다는 소문이 영국에서 여기까지 들려올 정도니.

|에우독소스| 기다려보게나. 내가 이야기를 계속하지. 그럼 선생은 우주가 어떻게 생겼을 것 같소? 행성들이 정말로 우리 눈에 보이는 것처럼 제멋대로 꼬불꼬불 움직인다고 생각한단 말이오? 내가 생각해낸 것은 '단순한 원리들을 조합하여 복잡한 현상을 설명하는' 방식이오. 우리 눈에 보이는 행성들의 움직임은 종잡을 수 없을 만큼 복잡하지만, 그것을 잘 쪼개 생각해보면 모든

운동은 가장 단순한 운동, 즉 원운동이라는 요소로 이루어져 있다는 것이외다. 이것이야말로 우주가 움직이는 방식이 아니겠소? 우주가 달리 어떻게 생길 수 있단 말이오?

|아리스토텔레스| 이참에 나도 한마디 합시다. '복잡하다'는 말을 어떻게 정의할지 짚고 넘어가야겠소. 구의 개수가 많은 것은 에우독소스 선생이나 나도 인정하오만, 구의 개수가 많으면 복잡한 우주 구조가 되는 것이오? 우리의 우주 구조는 그 구성요소가 많다는 점에서는 '복잡하다'고 할 수 있을지도 모르오. 하지만 그 구성요소의 종류는 단 하나, 원운동뿐이오. 그 점에서는 우리가 생각한 우주 구조는 전혀 복잡하지 않소.

|뉴턴| 구성요소가 한 가지라서 복잡하지 않다고요? 그 말씀은 전혀 틀리다고는 할 수 없겠군요. 하지만 왜 꼭 원이어야만 합니까? 선생님들이 원운동을 고집했기 때문에 이렇게 복잡한 우주 구조밖에는 생각할 수 없었던 것은 아닐까요? 꼭 원이어야만 한다는 법이 있습니까? 가령······.

이때 피타고라스, 불쑥 끼어든다.

|피타고라스| 이 젊은이 영 이상한 소리를 하는구먼. 시방 원이어야만 한다는 법이 어딨냐고 묻는겨? 그걸 워째 모른다는겨? 원이 가장 완벽하고도 영원한 도형이니께 그런 거 아녀? 원은 참말로 신기한 도형이여. 원은 시작도 끝도 없는 영원한 도형이여. 그리

고 중심에서 모든 점까지 거리가 똑같은 한결같은 도형이여. 그 뿐이여? 대칭축도 무수히 많이 그을 수 있는 무한한 잠재력을 가진 도형이여. 구는 또 어떻고? 구는 원의 성질을 모두 가지고 있지. 게다가 구를 어떻게 잘라도 원이 나온다구. 자 젊은이, 까탈은 그만 떨고, 고개를 들어 하늘을 좀 보더라고. 우주의 중심에서 활활 타오르는 태양(피타고라스와 그의 제자들은 태양이 우주의 중심이라고 생각했다), 반짝반짝 빛나는 별들, 그리고 우리가 사는 지구, 이 모든 것을 움직이는 영원하고도 순수한 섭리가 있다는 생각을 누가 부정할 수 있겠는가? 그리고 이렇게 영원하고도 순수한 천체들이 하늘에서 그리는 자취는 영원하고도 순수한 도형, 즉 원 말고는 없지 않겠는가? 그래서 지구도 둥글잖여? 자랑은 아니지만, 지구가 둥글다는 생각도 사실 내가 젤루 먼저 했지. 그려! 이 우주는 기하학과 수학의 원리로 가득 차 있어. 별들의 운동을 자세히 관찰하면, 그 비례에서 나오는 천상의 화음을 들을 수 있지. 자, 눈을 감고 하늘에 귀를 대고, 이 아름다운 음악을 들어보더라고~.

|뉴턴| 선생님, 너무 신비주의에 깊이 빠지신 것 아닙니까? 물론 저도 성서 연구에도 관심이 많고 연금술 책도 집에 1천 권이 넘게 쌓아두고는 있습니다만, 선생님만큼은 아닌 것 같군요. 듣자하니 선생님은 직각삼각형의 법칙을 증명해내고는 기쁨에 들떠서 신에게 감사 제사를 올린다고 황소를 1백 마리나 바쳤다지요?

|아리스토텔레스| 뭐, 나도 피타고라스 선생의 신비주의는 조금 지나친 것 같기는 해요. 사실 선생과 제자들의 행동은 보통 사람들로선 이해하기 어려울 때도 종종 있습니다그려. 숫자 하나하나에 우주의 신비한 이치가 숨어 있다고 생각한다든가, 오각형 무늬를 옷에 수놓고 다닌다든가……. 하지만 천체의 운동이 원운동이고, 절대 다른 것일 수 없다는 생각은 나도 선생과 같습니다. 그건 원운동이 영원하네 마네 하는 신비주의 이전의 문제라고요. 눈으로 보면 알 수 있는 문제 아닙니까? 해와 달은 동쪽에서 떠올라 큰 원호를 그리며 서쪽으로 지지요. 밤하늘의 별들도 매일 똑같은 시간에 관찰하면, 떠오르는 위치는 조금씩 변하면서도 매일 밤 원 궤도를 그리고 서쪽 하늘로 저무는 것을 알 수 있습니다.

케플러와 프톨레마이오스, 무대 뒤에서 나타나 이들의 이야기에 끼어든다. 이븐 루시드도 잠시 후에 반대쪽에서 나타나 이야기를 듣기 시작한다.

|케플러| 아, 선생님! 말씀 도중에 끼어들어 죄송합니다만, 그건 원이 아니라…….

|아리스토텔레스| 어허, 이 친구는 또 누군데 어른이 이야기하는 데 끼어드나? 그게 원이 아니면 뭔가? 별이 하늘에 세모를 그리나, 네모를 그리나?

|케플러| 하지만 그래도 그건…….

|아리스토텔레스| 어허, 기다리래도. 그냥 둥그스름하다고 원이 아니라는 것은 나도 알아요. 고대 이집트, 메소포타미아, 중국에서도 수많은 학자들이 천체의 운동을 관측하여 기록을 남겼지. 이들이 남긴 기록을 검토해보니, 결국 천체의 운동은 정확히 원운동이었어.

|케플러| 아니, 그게, 실은…….

|아리스토텔레스| 자꾸 끼어들고 그러네. 내가 에우독소스의 동심천구 이론을 받아들여 다듬은 것은, 우주가 달리 생겼다고 믿을 만한 아무런 근거가 없기 때문이었다고. 후세의 천문학자들이 모두 내 이론을 따른 것만 보아도 내 생각이 그다지 뜬금없는 것은 아니었다는 걸 알 수 있지.

|프톨레마이오스| 선생님, 죄송하지만, 천문학자들이 꼭 선생님의 이론을 따랐다고만 할 수는 없는 것 같습니다.

|아리스토텔레스| 뭐라고? 당신도 《알마게스트》의 첫머리에서 지구를 중심에 둔 내 우주 모형을 소개하고 있지 않소?

|프톨레마이오스| 그렇긴 합니다만, 그건 지구가 우주의 중심이라는 것에 동의하기 때문이지, 수정으로 된 동심천구가 있다는 것에 동의한 것은 아닙니다. 제가 우주를 설명한 방식은 선생님과 아주 다릅니다. 저는 주전원으로 행성의 운동을 설명했거든요. 주

전원을 이용하면 에우독소스 선생님이나 아리스토텔레스 선생님처럼 행성 하나에 네 개나 되는 천구를 생각할 필요가 없습니다. 행성 하나에 하나의 큰 원과 하나의 주전원만 있으면 되지요.

|아리스토텔레스| 나는 당신의 이론이 영 마음에 들지 않아요. 게다가 당신 말로는 주전원이 동심천구보다 훨씬 간단하다고 하지만, 사실 당신 이론은 그보다 더 복잡한 장치들이 몇 가지 있어야 성립하는 것 아니오? 이심원이니 대심이니.

|프톨레마이오스| 사실 그렇긴 합니다. 이심원과 대심을 고려하면 제가 생각한 우주구조도 결코 단순하다고만은 할 수 없겠지요. 하지만 중요한 것은, 제 이론이 눈에 보이는 현상과 잘 들어맞았다

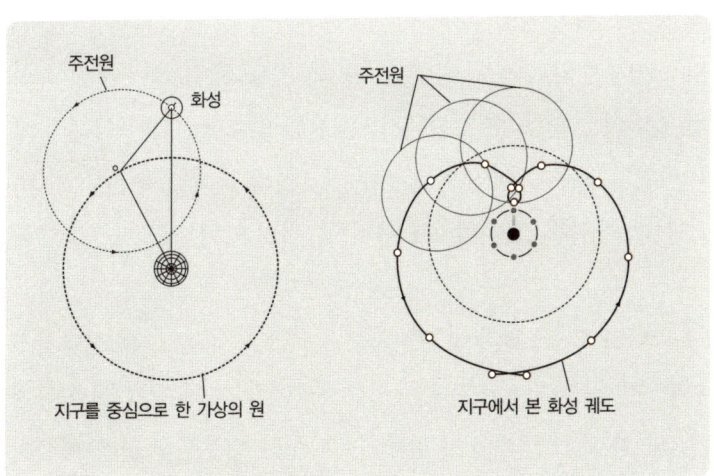

프톨레마이오스 식의 우주 구조 | 화성이 지구 중심 궤도상의 한 점을 중심으로 한 주전원을 따라 돌고 있다(왼쪽). 그 결과 지상의 사람에게는 화성이 오른쪽과 같은 궤적을 그리는 것으로 보이게 된다.

는 사실입니다. 저는 어찌 됐건 이심원이나 대심 같은 요소를 도입한 덕에 행성의 운동을 아주 정확하게 설명할 수 있었다는 거죠. 지금까지 알려진 모든 관측 결과에서 한 치도 벗어나지 않을 정도로 정확하게 설명할 수 있었습니다. 하지만 선생님들께서 생각하셨던 동심천구 이론으로는 그 정도로 정확한 설명은 불가능할 겁니다. 특히 우주의 중심으로부터 멀리 떨어진 행성일수록 더 오차가 커지지 않던가요? 네 개의 천구가 그리는 '8'자 모양의 궤적은 실제 행성의 운동과 비슷하게 생기기는 했지만, 딱 들어맞지는 않았던 것으로 압니다.

|이븐 루시드| 갑자기 끼어들어 죄송합니다만, 알라의 이름으로 양해해주십시오. 전 그걸 이해할 수 없어요! 계산만 맞으면 모든 게 용서가 됩니까? 계산만 맞으면 아무것도 없는 허공의 한 점을 중심으로 행성이 돈다는 것을 받아들일 수 있습니까? 계산만 맞으면 우주의 중심이 지구가 아니라 지구 밖에 있는 허공 속의 한 점이라고 믿을 수 있습니까? 계산만 맞으면 주전원의 천구와 이심원의 천구가 어떻게 서로를 가로질러 돌아갈 수 있는가 하는 문제는 신경 쓰지 않아도 됩니까? 정말 알 수 없군요.

|프톨레마이오스| 음, 알라가 뉘신지는 모르겠소만……, 뭐 상관없소이다. 선생은 내가 보기에는 이상하리만치 '실제 우주가 어떻게 생겼는가'에 매달리는 것 같구려. 그게 아마도 선생 같은 철학자와 나 같은 천문학자의 차이점일 것 같소. 철학자들은 구조에 신경을 쓰지만, 천문학자들은 계산이 가장 중요하다오. 동심천구

이론을 써서 관측 결과에 들어맞는 모형을 만들기는 너무나 복잡하고 까다로운 일이오. 우리 천문학자들은 쉰 개에서 예순 개에 이르는 천구들이 서로 엇갈려 도는 속도와 주기를 일일이 계산하고 앉아 있을 만큼 한가하지 않소. 사실 아무리 다듬어도 관측 결과를 모두 설명할 수 있는 동심천구 이론 같은 것은 내가 알기로는 나오지도 않았지만 말이오.

|아리스토텔레스| 끝까지 해보지도 않고 어떻게 된다 안 된다 말을 그리 쉽게 하시오? 당신네 천문학자들은 우주가 정말로 어떻게 생겼는지 알고 싶지 않은 거요?

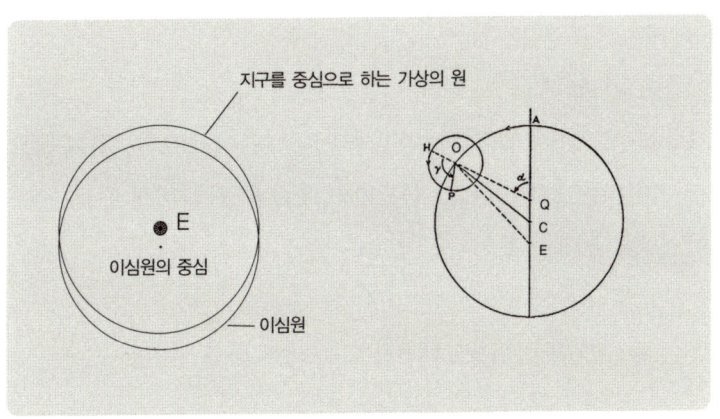

이심원(왼쪽)과 대심(오른쪽) | 행성은 지구를 중심으로 하는 원궤도(deferent)가 아니라 지구 밖의 한 점을 중심으로 하는 이심궤도(eccentric)를 따라 돌기 때문에, 지구 가까이 왔을 때는 더 빨리 움직이는 것처럼 보인다는 것이 이심원 이론이다. 오른쪽 그림에서 대심(Q)은 지구(E)와 이심원의 중심(C)에 대해 대칭되는 점이다. 행성(P)은 지구에 대해서는 운동 속도가 일정하지 않지만, 대심에 대해서는 일정한 속도로 돈다는 것이 대심 이론이다. 이 두 가지는 모두 행성의 운동 속도가 일정하지 않기 때문에 생겨난 이론들이다. 오늘날의 천문학에서는 행성의 공전 궤도가 완전한 원이 아니고 타원이며, 태양에 가까워지면 행성의 운동속도가 빨라진다는 사실(케플러의 제2법칙)을 통해 이런 현상들을 쉽게 설명하고 있다.

|프톨레마이오스| 알고 싶지 않다는 것은 아닙니다. 다만 그 문제에만 매달리기에는 현실적으로 천문학자들이 너무 바쁘다는 말입니다. 철학자들은 우주 구조에 대해 평생 생각만 하다가 딱 부러지는 답을 내놓지 못해도 사람들이 나무라지 않겠죠. 원래 생각하는 게 일인 사람들이니까요. 하지만 천문학자들은 대부분 왕이나 귀족에게 봉급을 받고 있고, 그에 걸맞은 성과를 내놓아야 한다는 걸 이해해주십시오. 우주가 꼭 내가 생각한 대로 생기지는 않았을 수도 있습니다. 저도 인정합니다. 하지만 제가 생각한 우주 구조로 계산이 잘 된다면, 저는 그 구조를 버리지 않을 것이라는 점 또한 말씀드려야겠군요.

코페르니쿠스 등장한다.

|코페르니쿠스| 그러면, 선생님이 생각한 우주 구조보다 더 계산에 잘 들어맞는 것이 나오면 선생님의 우주 구조를 버릴 수도 있다는 말씀으로 받아들여도 되겠습니까?

|프톨레마이오스| 뭐, 그 정도까지를 뜻한 것은 아니었지만…….

|코페르니쿠스| 선생님이 생각한 우주 구조도 제가 보기에는 너무 번잡스럽더군요. 저는 그보다 훨씬 단순하고 명쾌한 우주 구조를 생각해냈습니다. 바로 태양을 우주의 중심에 놓고 생각하는 겁니다. 태양과 지구의 자리를 맞바꾸면, 지구에서 본 행성의 운동을 간단히 계산해낼 수 있습니다.

|프톨레마이오스| 아, 당신이 코페르니쿠스로군요. 태양중심설이라, 그럴듯한 이론입니다그려. 하지만 우리 둘 사이에는 차이점 못지않게 공통점도 많다는 사실을 잊으셨습니까?

|코페르니쿠스| 공통점이라뇨? 우주의 중심이 바뀔 판인데 뭐가 비슷한 게 있겠습니까?

|프톨레마이오스| 지구와 태양의 자리가 바뀐 것은 물론 중요한 변화입니다. 하지만 선생의 우주 구조에서도 역시 주전원과 이심원이 쓰이는 것은 사실 아닙니까? 단순히 지구와 태양의 위치만 바꾼 것으로는 주전원과 이심원 같은 보조 장치들을 없앨 수 없어요. 선생이 제안한 태양 중심 우주 구조는 초창기에는 오히려 저의 우주 구조보다 계산이 잘 맞지 않았어요. 그럼에도 불구하고 사람들이 선생의 우주 구조를 지지하게 된 것은 계산보다는 "태양이 우주의 중심이어야 한다"는 신비주의적 사고방식이 르네상스를 거치면서 퍼져 나갔기 때문이라고도 하더군요.

케플러, 밧줄을 휘둘러 '붕붕' 소리를 내며 모두의 눈길을 끈다.

|케플러| 이제 제발 저도 좀 말하게 해주세요. 아까부터 그렇게 한 마디 하려고 했는데……, 이게 모두 다 원 때문이에요. 이거야 원…….

|피타고라스| 뭣이여? 원이 뭐가 어쨌다고 그러는 거여~?

|케플러| 선생님의 생각은 저와 같습니다. 하지만 코페르니쿠스 선생님은 우주의 중심에 대해서는 혁명적인 생각을 해내고도, 원운동을 다른 것으로 바꿀 생각은 하지 못하셨더군요. 그러니까 주전원도 계속 써야 하고, 프톨레마이오스 선생님의 우주 구조와 별다를 바 없는 것이 되는 겁니다. 왜 그렇게 모두들 원에만 매달리는 겁니까? 저처럼 좀 유연하게 생각해보라고요. 원이 아니라 타원! 조금만 생각을 바꾸면 인식의 전환이 가능합니다.

케플러는 땅에 말뚝 두 개를 박고, 손에 들고 있던 밧줄의 양 끝을 말뚝에 붙들어 맨 뒤 설명을 계속한다.

아시다시피 타원은 '두 개의 초점으로부터의 거리의 합이 일정한 점들의 집합'이라고 정의합니다. 보시는 바와 같이 길이가 일정한 밧줄을 두 개의 말뚝에 붙들어 매고, 이 밧줄을 팽팽히 당겨가며 도형을 그리면 그것이 타원이 되지요. 제가 계산해본 바로는 태양계의 행성들은 타원궤도를 따라 운동을 합니다. 행성들의 궤도가 태양을 중심으로 하는 원궤도가 아니라 태양을 두 초점 중 하나로 삼는 타원궤도라고 생각하면, 주전원은 물론 이심원이나 대심 같은 것들은 모두 필요 없어져요. 타원인 줄 몰랐을 때 원운동으로 타원운동을 표현하고자 만들어다 붙인 수학적 장치들일 뿐이니까요.

|피타고라스| 워메~ 이 양반 큰일 낼 양반일세 그려? 그럼 별들이 원이 아니라 찌부러진 타원궤도를 따라 운동한다는 말이여? 아무리 계산이 중요해도 그렇지, 우주에서 원을 빼버리면, 우주의 조화와 균형은 어디에서 찾을 수 있단 말이여? 별을 보는 사람으로

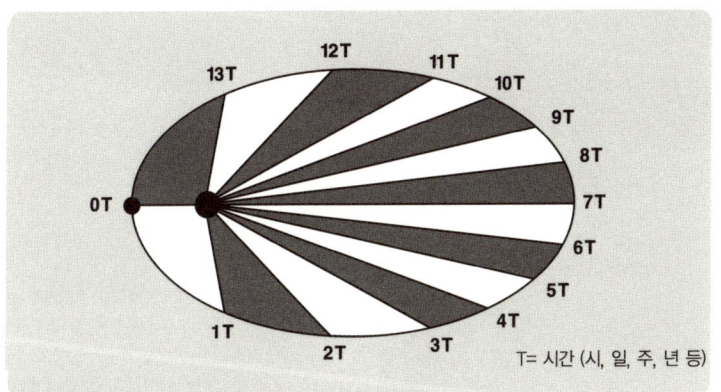

케플러의 제2법칙(면적속도 일정의 법칙) | 행성이 태양에 가까이 갈수록 이동 속도가 빨라지지만, 그 경우에도 면적속도, 즉 같은 시간 동안 행성이 쓸고 지나간 면적(색칠한 부분)은 일정하다

서 우주의 조화와 균형을 없애버리면 자네도 괴롭지 않겠어?

|케플러| 아…… 사실 저도 갈등 많이 했습니다. 하지만 계산 결과가 명백히 타원궤도를 입증하는데, 거기에 눈을 감는다는 것은 천문학자이자 수학자인 저의 직업정신이 용납할 수 없는 일이었지요. 저는 그래서 '꿩 대신 닭'이라는 심정으로, 원운동에 대한 믿음이 사라진 다음에는 우주에서 어떤 다른 법칙을 찾아낼 수 있을지 연구하기 시작했습니다.

|피타고라스| 그래서, 결과를 얻었다는겨?

|케플러| (뽐내며) 물론입니다! 바로 '조화의 법칙'입니다. 간단히 말씀드리면 "행성의 공전주기를 제곱한 값은 행성과 태양 사이의

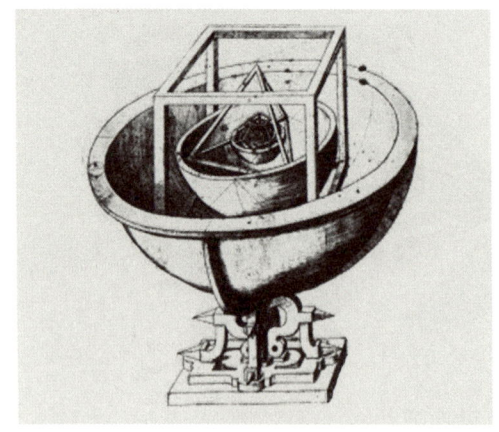

케플러가 생각한 정다면체 속의 우주 | 수성-금성-지구-화성-목성-토성의 공전궤도 사이에 다섯 정다면체가 빈틈없이 접해있는 모습이다.

거리를 세제곱한 값과 같다"(여기서 공전주기와 태양으로부터의 거리는 지구의 것을 1로 놓은 상대값입니다만)는 것이죠. 그뿐입니까? 저는 다섯 개의 행성의 공전궤도가 각각 다섯 개의 정다면체 안에 내접한다는 사실도 알아냈습니다(그림 참조). 또 행성들을 움직이게 하는 '움직이는 영혼$^{anima\ mortis}$'에 대해서도 글을 남겼지요. 비록 원운동은 아닐지라도, 이 우주는 여전히 교묘한 섭리들로 가득 차 있는 겁니다! 천상의 음악은 사라지지 않았던 것이죠.

|피타고라스| 아따, 이 친구 제법인걸? 나랑 얘기가 잘 통하겠는데…… 우리 천상의 화음이나 잠시 감상해볼까? 자네 이론을 따르면 내가 듣던 음악보다는 좀더 신세대 취향이겠지만.

|케플러| 좋습니다. 아, 들리는군요!

피타고라스와 케플러는 무대 구석으로 가서 우주의 화음을 들으며 명상에 잠긴다. 그 뒤로 갈릴레오가 등장한다.

|갈릴레오| 이런, 타원이면 타원이지 우주의 화음 같은 건 또 왜 찾고 있나? 요하네스, 자네도 꽤나 신비주의에 물들었군.

|뉴턴| 비록 신비주의 덕분이라고 해도, '천체의 운동은 원운동이다'라는 고정관념에서 벗어날 수 있었다는 건 아무나 할 수 없는 일입니다. 어쩌면 프톨레마이오스 선생의 말처럼 케플러 선배가 철학자가 아니라 계산을 업으로 삼은 천문학자였기 때문에 그런 고정관념에 얽매이지 않았을 수도 있지요. 그건 그렇고, 갈릴레오 선생도 원운동이라는 고정관념에서 그다지 자유롭다고는 할 수 없을 것 같은데요? 선생의 '관성' 개념은 결국 '영원한 원운동'이라는 믿음이 없었다면 나오기 어려웠던 것 아닐까요?

|갈릴레오| 어허, 이 사람도, 꼭 그 얘기를 들춰내야겠나? 자네 말처럼 내가 원운동을 영원한 것으로 생각했던 건 사실이지. 하지만 당시로서는 누구도 그것을 이상한 생각이라고 여기지 않았어. 당연한 거였을 테니까. 보자구. 아래 그림과 같이 마찰이 없는 빗면에서 공을 굴리면 공은 처음 굴린 높이와 같은 높이만큼 굴러 올라가게 되지? 그러면, 빗면의 반대편 끝을 무한히 길게 늘인다고 상상해보자고. 어떻게 되겠어? 한도 끝도 없이 공이 굴러갈 거야. 그러면 어떤 운동이 될까? 영원한 운동, 바로 지표면을 따라 굴러가다가는 다시 제자리로 돌아오는 원운동이 될 것

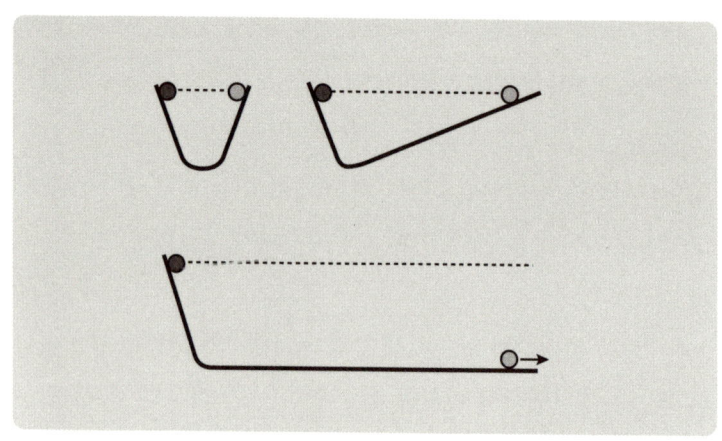

갈릴레오의 관성의 원리 | 한번 운동을 시작한 물체는 외부의 자극이 없는 한 멈추지 않는다. 갈릴레오는 원운동의 영원성이라는 기본 가정으로부터 이 사고실험(思考實驗)을 이끌어내었다.

이라는 게 내 생각이었지. 그렇게 보자면 한번 운동을 시작한 물체는 외부의 자극이 없는 한 멈추지 않는다는 '관성의 원리'를 수립하는 데 원운동이라는 관념이 어느 정도 이바지한 측면도 있어. 그건 그렇고, 자네도 말년에 연금술과 신비주의에 빠진 걸 보면 우리에게 큰소리칠 건 아닌 것 같은데?

|뉴턴| 그렇게 얘기하면, 사실 모든 과학자는 일종의 종교적 믿음을 가지고 있어요. 바로 '자연은 조화로운 질서가 있다'는 믿음이지요. 그것은 21세기의 과학자도 마찬가지일걸요? 20세기 중반에 자연계에 가장 기본적인 힘이 네 종류(만유인력, 전자기력, 약한 핵력, 강한 핵력)라는 것이 알려지고 나자, 과학자들은 곧바로 그 네 가지의 힘을 하나로 합쳐 설명할 수 없을까 하는 연구에 매달리기 시작했어요. 예나 지금이나 과학자들은 항상 이론

의 개수를 줄이려고 하고, 더 단순한 수식이나 모형으로 자연 현상을 표현하려고 하지요. 이것을 '신비주의'라고 싸잡아 비판하기는 어려울겁니다.

|케플러| 맞아요. '복잡한 자연 현상의 배후에는 단순 명쾌한 법칙이 도사리고 있을 것'이라는 믿음은 사실 거의 모든 과학자들의 신념 체계의 일부를 이루고 있습니다. 그런 생각을 전혀 갖고 있지 않은 과학자는 사실 21세기에도 그다지 많지 않을걸요?

|피타고라스| 옳거니, 젊은 친구들이 제법이여~ 나도 한마디 하면, 과학자들이 '영원한 원'과 같은 고정관념에 얽매여 있다고 해서 그들을 탓할 수만은 없는 겨. 사회의 다른 모든 이들이 믿는 걸 과학자들만 안 믿으면 그것도 이상한 일이잖여? 오히려 그런 역사적 사실은, 우리가 흔히 생각하듯이 과학자들이 다른 사상가들과 대립하면서 혼자서만 진리를 추구해온 것이 아니라는 것을 보여준단 말이지.

|이븐 루시드| 맞습니다. 과학자가 어떤 형이상학적 신념이나 기대를 갖고 자연을 연구한다는 것이 꼭 비난받을 일만은 아닙니다. 과학도 결국 인간이 하는 활동이고, '과학적 정신'이라는 것이 인간 정신의 다른 부분과 떨어져 따로 존재하는 것은 아닐 테니까요. 심지어 현대인들이 물과 기름처럼 섞이지 않을 것으로 여기는 종교적 심성과 합리적 이성조차도, 옛사람들의 마음속에서는 하나로 융합되어 있는 것들을 볼 수 있습니다. 그러니 현대인

들이 옛 과학자들의 주장을 읽어볼 때에도 "에이, 뭐야? 다 틀린 얘기뿐이네"라든가 "왜 이 사람은 과학 이야기를 하다 말고 신을 찾아?"라고 하면서 물리쳐버릴 것은 아니라고 생각합니다. "이 사람들이 이렇게 생각하게 된 시대적 배경은 어떤 것이었을까?"라는 데 관심을 갖고 한번쯤 옛사람이 되어 생각해 본다면, 훨씬 재미있는 것을 많이 배울 수 있지 않겠습니까?

|피타고라스| 맞아, 맞아. 이 친구 어른 공경할 줄 아는군. 이름이 아베로…… 뭐라고?

|이븐 루시드| 이븐 루시드입니다. 정확히는 아불 왈리드 무함마드 이븐 아마드 무함마드 이븐 루시드이지요.

|피타고라스| 아따, 숨 넘어가겠네 그려. 어쨌건 그런 의미에서 우리 다 같이 포도주나 한잔 하러 안 갈려? 수학의 신께 바친 소 1백 마리가 있으니 안주는 남아돌 테고 말이지.

|일동| 좋습니다~!

|이븐 루시드| 저는 율법에 따라 술을 마시지 않습니다만…… 뭐 좋습니다. 쇠고기라도 먹지요. 커피도 있겠지요?

모두 피타고라스를 따라 나선다.

Aristoteles

Chapter 4

이슈
ISSUE

이슈
1

'그리스 문명'은 그리스인들만의 것인가?

1987년, 중국 근대 정치사를 전공해온 마틴 버낼^{Martin Bernal}이라는 역사학자가 쓴 《블랙 아테나: 고대 문명의 아프리카-아시아적 기원^{Black Athena:'Afroasiatic Roots of Classical Civilization}》이라는 책이 서양의 역사 학계를 뒤집어놓았다. 제목에서 알 수 있듯이 이 책은 고대 그리스 문명의 뿌리가 아프리카 문명, 그중에서도 고대 이집트라고 주장하여 큰 파문을 일으켰다. 버낼은 오늘날의 그리스 일대를 포함한 지중해 곳곳에 이집트인과 페니키아인들이 식민지를 건설했는데, 이들 아프리카-아시아 출신의 정복자들이 그리스의 원주민(유럽인)과 융합되면서 그들의 문물이 뒤섞여 태어난 것이 고대 그리스 문명이라고 주장했다. 그는 이를 입증하기 위해 여러 가지 문헌학적, 언어학적 근거들을 제시했다. 나아가 "이러한 사실을 받아들일 수 없었던 19세기 유럽의 인종주의자들이 고대 그리스 문명의 기원을 순수하게 유럽적인 것으로 날조했고, 그것이 오늘날까지 받아들여지고 있다"는 과감한 주장을 폈다.

　근대 이후 수많은 서양 학자들은 고대 그리스 문명의 뿌리에 대한 여러 가지 학설을 내놓았다. 그리스에 대한 연구가 이처럼 활발했던 것은 르네상스 이후 서양의 지식인들이 고대 그리스 문명을 서양의 정신적인 어버이로 여겨왔기 때문이다. 따라서 고대 그리스 문명에 대한 연구는 대개 "서양적인 것이란 무엇인가?" 또는 "서양은 어떤 점에서 아시아나 아프리카와 다른가?"와 같은 질문을 그 밑바탕에 깔고 이루어졌다. 19세기 이후 유럽의 열강들이 세계를 지배하게 되면서, 고대 그리스 문명에 대한 연구 성과들은 때때로 '서양의 우수성'을 역사적으로 입증하는 방편으로 오용되기도 했다. 근대 유럽이 세계를 호령할 수 있게 된 원동력은 발달된 과학기술과 합리적 철학과 같은 것들이었는데, 그 뿌리를 모두 고대 그리스 문명에서 찾을 수 있다는 것이 그들의 믿음이었다. 그러다 보니 고대 그리스 문명은 어디까지나 '서양 문명'으로 묘사되었다. 고대 그리스 지방에 살던 사람들은 인종적으로도 유럽 사람들과 가깝고, 그 문명도 지중해를 중심으로 한 유럽과 소아시아 문화권 안에서 이루어졌다는 것이 최근까지의 정설이었다.

　특히 과학사에서 고대 그리스 문명이 차지해온 자리는 남달리 높이 평가되어왔다. 오늘날 우리가 읽게 되는 대부분의 과학 교과서나 과학사 책에서는 '고대 그리스의 과학'이 맨 처음으로 다루어지고 있다. 그 이유는 대개 '고대 그리스의 자연 철학자들이 처음으로 신적인 요소를 배제한 채 이 세계와 자연 현상을 설명하고자 했다'는 것이다. 그러한 평가는 일면 옳은 것이지만, 그렇

다고 해서 더 정교한 천문학이나 의학 수준을 자랑했던 고대 바빌론이나 이집트 왕국을 제치고 고대 그리스 문명이 '과학의 시작'으로 일컬어지는 것은 지나친 감이 있다. 이는 역시 고대 그리스를 '마음의 고향'으로 여겨온 서구 지식인들의 정서를 빼놓고는 생각하기 어려울 것이다. 이를 비판하는 이들은 이것을 꼬집어 '그리스 사랑Helenophilia'이라고 하기도 한다.

버넬의 책은 이와 같은 서구 지성계의 '그리스 사랑' 또는 '그리스 중심주의Helenocentrism'에 대해 정면으로 도전장을 던진 것이었다. 《블랙 아테나》는 서구 지성계에 만연한 그리스 중심주의에 염증을 느낀 이들에게는 열렬한 환영을 받았지만, 동시에 대다수 고전학자들의 격심한 비판에 맞닥뜨렸다. 비판자들은 버넬이 충분한 근거를 갖추지 못한 채 지나치게 과감한 주장을 하고 있으며, '검은(흑인) 아테나'라는 자극적인 주장을 내세움으로써 흑인 운동의 정치적 에너지를 등에 업고 자신의 반대자들을 인종주의자로 몰아붙이려 한다고 비판의 날을 세웠다. 현재 《블랙 아테나》는 세 권이 출간되었다. 버넬은 그동안 자신에게 쏟아진 비판에 답하는 세 번째 책을 지난해(2006) 출간하여 이 논쟁은 앞으로도 당분간 계속될 것으로 보인다.

비록 《블랙 아테나》의 주장을 모두 곧이곧대로 받아들이기는 어렵다고 해도, 이 책과 그를 둘러싼 논쟁이 시사하는 바는 적지 않다. 수천 년 전의 역사를 해석하는 문제로 서구 지성계가 이만큼 소란스러워진 것은, 역설적으로 '그리스'가 서구에서는 아직도 과거가 아닌 현재로 존재한다는 것을 보여준다. 그리고 유럽도 아닌 미국에서 이 책을 둘러싼 논쟁이 더욱 치열하게 벌어지고 있다는 사실은, 미국의 주류 백인 학자 사회가 아직도 그리스를 마음의 고향으로 여기고 있다는 점, 그리고 미국 사회에서 인종 문제가 얼마나 민감한 문제인가 하는 점 등을 잘 보여 준다.

한국에 살고 있는 우리는 이와 같은 복잡한 곡절에 일일이 신경을 쓸 필요는 없으리라. 하지만 이 책을 둘러싼 논쟁으로부터 우리가 얻을 수 있는 것이 있다면, 그것은 '어떤 문명도 허공에서 뚝 떨어지는 것이 아니며, 모든 문명은 다른 문명과 다양한 요소를 주거니 받거니 하면서 성장해나간다'는 당연한 사실을 다시 한 번 인식하는 것이다. 현대를 사는 우리가 어떤 설명을 믿고 싶어하든 고대 그리스 문명은 당시 그보다 앞서 있었던 여러 문명으로부터 많은 것을 배워왔으며 여러 가지 혜택을 입었다. 가까이는 미노아와 미케네를 비롯한 에게해 일대의 문명들, 멀리는 이집트, 페니키아, 메소포타미아의 제국들이 그리스인들의 스승이었다. 그리스인들이 남긴 글을 보면 그리스인들 스스로도 이들에게 진 빚을 인정하고 있으며, 때로는 이집트의 앞선 학문과 기술을 배워온 것을 자랑스레 이야기하고 있기도 하다. '유럽 문명의 시조'는 유럽 밖에서 많은 것을 빌려왔던 것이다. 고대 그리스뿐만이 아니다. 우리가 앞서 살펴보았듯 이슬람 문화권에서 고대 그리스 철학 문헌을 들여오지 않았다면 유럽의 중세는 지적으로 훨씬 척박한 시대에 머물렀을 것이다. 또 유럽의 르네상스는 중국으로부터 전해진 화약, 나침반, 종이와 같은 선진문물이 없었다면 한참 늦춰졌을지도 모른다.

이처럼 문명사의 전환기에는 다른 문명으로부터 들여온 문물이 변혁의 방아쇠를 당기는 경우가 많다. 다시 말해서, 문명의

변혁은 한 문명의 역량이 쌓이는 것만으로 이루어지는 경우보다는 여러 문명이 뒤섞여 영향을 주고받는 과정에서 일어나는 경우가 많다. 따라서 '그리스로부터 시작되는 서양 문명사' 또는 '중국 황허 강 유역으로부터 시작되는 동아시아 문명사' 따위를 쓰려는 시도는 모두 역사를 도식화시키는 것에 불과하다. 세계 문명의 역사에서 순수하게 '유럽적인' 또는 순수하게 '아시아적인' 사건을 골라내기란 불가능한 일일 것이기 때문이다.

이슈 2

'중심(Center)'과 '주변(Periphery)'의 문제

앞에서 말한 '그리스 중심주의'는 '서구 중심주의'가 과거로 뻗어 나간 형태다. 동시대의 역사를 유럽과 미국 중심으로 써나가는 것이 공간적인 서구 중심주의라면, 과거사를 고대 그리스나 중세 유럽 등을 중심으로 써나가는 것은 시간적인 서구 중심주의라고 할 수 있다.

그러나 '중심'은 서양에만 있는 것이 아니다. 동아시아사에는 중국이라는 중심과 한국, 일본이라는 '주변'이 있다. 남아시아사에는 인도라는 중심과 파키스탄, 스리랑카, 인도네시아 등의 주변이 있다. 아프리카사에는 이집트라는 중심과 사하라 이남의 주변이 있다. 남아메리카사에서는 브라질과 아르헨티나가 중심이 되고 그 밖의 작은 나라들은 주변이 된다. 서양도 그 안을 파고들어 가보면 다시 중심과 주변으로 나뉜다. 미국사에서는 동부와 서부의 해안지대가 중심이고 내륙 지방은 주변이 된다. 유럽사에서 15세기에는 이탈리아가 중심이고 북부 유럽이 주변이

었지만, 18세기에는 영국과 프랑스가 중심이 되고 남부와 동부 유럽은 주변이 된다. 이처럼 중심 안에도 다시 작은 중심과 작은 주변이 있고, 주변도 다시 작은 중심과 작은 주변으로 나뉜다.

중심과 주변은 공간적으로 나뉘는 것만이 아니다. 20세기 중반까지 글로 넘겨진 모든 역사는 남성의 역사였고, 여성의 역사는 제대로 쓰이지도 않은 채 주변에 머물러 있었다. 유럽인들이 아프리카와 남아메리카 등에 식민지를 건설한 이래 그 지역의 역사는 모두 백인 정복자들의 역사였고, 원주민의 역사는 주변으로 가리워져 있었다. 또 근대국가의 역사는 농민과 노동자의 이야기를 주변으로 밀어내버린 도시민의 역사이자 엘리트의 역사였다.

이와 같은 '중심'과 '주변'의 문제는 주변의 사람들이 자기 목소리를 내기 전까지는 문제로 인식조차 되지 않는 것이 보통이다. 중심부의 사람은 중심과 주변의 문제를 제대로 인식하지 못한다. 그들에게는 세상이 자신을 중심으로 움직이는 것이 당연하기 때문이다. 하지만 "무심코 던진 돌에 개구리가 죽는다"는 말처럼, 주변부의 사람들은 중심부의 목소리만을 담아 쓰인 역사에서 소외되기 일쑤다.

그렇다면 주변부의 사람들은 무엇을 역사에 담아내고, 어떻게 역사를 써야 할까? 가장 쉽게 생각할 수 있는 대안은 '억울하면 출세하자'는 것이다. 스스로 힘을 길러 중심의 자리로 올라선다면 이런 문제로 고민할 필요가 없으리라는 것이다. 그러나 이것이 정말 바람직한 해결책일까? 주변에서 중심으로 올라서는 일이 그렇게 쉬운 일이냐는 의문은 접어두고라도, 이런 생각은 '입시지옥을 벗어나려면 나만 공부 잘해서 좋은 대학에 들어가면 된다'는 생각과 다를 바 없다. 이것은 단순히 도덕적으로 옳으냐 그르냐의 문제가 아니다. 우리는 약 1백 년 전 이런 생각에 물든 이웃을 옆에 둔 바람에 뼈아픈 희생을 치렀던 슬픈 기억이 있다. 19세기 말부터 일본은 아시아의 주변이기를 거부하고, 중국을 누르고 스스로 아시아의 중심이 되고자 했다. 그 와중에 중국, 일본, 러시아의 사이에 낀 한반도는 열강들의 아귀다툼 판이 되어버렸고, 우리는 결국 일본의 식민지배를 당해야 했던 것이다.

'억울하면 출세하자'를 넘어서 우리가 택할 수 있는 길은 주변부의 고유한 이야기를 발굴해내고 그 가치를 적극적으로 찾아냄으로써 주변으로서의 자존심을 회복하는 것이다. 비록 지금까지 쓰였던 중심부의 역사만큼 웅장하고 긴박하지는 않을지라도 주변부에는 나름대로의 역사가 있다. 평범한 어머니가 딸에게 들려주는 이야기는 왕에서 왕자로 이어지는 역사만큼 거창하지는 않겠지만, 그 자체로 아기자기한 삶의 진리를 담고 있다. 우리가 그런 이야기를 모르는 것은 역사가들이 지금까지 그런 이야기를 보잘것없다고 여겨 제대로 쓰지 않았기 때문일 뿐이다.

더욱이 역사상 주변에서 일어난 혁신이 중심으로 퍼져 나가 중심의 역사를 바꾸는 경우도 드물지 않다. 이 책의 주인공들이 바로 좋은 예다. 아리스토텔레스는 아테네 사람들이 얕잡아 보았던 그리스 문명의 변두리인 마케도니아 출신이었다. 만일 그가 아테네의 명문가 출신이었다면, 그는 스승 플라톤의 사상을 감히 비판할 엄두도 내지 못했을 것이다. 아리스토텔레스의 자유로운 사상은 그가 기존의 권위에 찌들지 않은 채 마케도니아

에서 어린 시절을 보냈기 때문이라고 볼 수도 있다. 이븐 루시드 또한 이슬람 세계의 중심지인 중동 지방에서 멀리 떨어진 스페인의 코르도바 출신이었다. 만일 그가 아바스 왕조의 수도였던 바그다드 같은 곳에서 활동했더라면, 그 역시 전통의 무게에 눌려 자유로운 생각의 날개를 펴기 어려웠을 것이다. 따지고 보면 서양의 중세 철학에 가장 큰 영향을 미친 두 사람은 모두 주변부 출신이었던 셈이다.

이런 사례들은 역사를 만들어나가는 데 주변부가 중심부 못지않은 중요한 역할을 할 수 있음을 보여준다. 이것은 중심은 주변에 대해 무관심하지만, 주변은 중심에 대해서도 잘 알 뿐 아니라 자기 자신에 대해서도 잘 알기 때문이다. 중심이 축적한 전통에 자신들의 새로운 요소를 더함으로써 새로운 혁신을 이뤄낼 수 있는 가능성, 그것이 중심에서는 만나기 어렵지만 주변에서는 늘 가까이 있는 귀중한 기회다.

이슈 3

중세 유럽은 정말 '암흑기'였나?

흔히 이전의 중세 유럽을 '암흑기'라고 일컫곤 한다. 중동에서 발달된 문물과 사상이 소개되고 대학이 생겨나 학문이 다시 흥하기 전까지 로마 제국 멸망 이후 1천 년 가까운 시간 동안 발전 없이 정체되어 있었다는 뜻이다.

그러나 원인 없는 결과는 없다. 중세 후반 학문의 발전은 단순히 책 몇 권을 유럽으로 들여와 이룰 수 있었던 것이 아니다. 대학은 사람이 있어야 운영된다. 따라서 대학이 자리를 잡으려면 그것을 뒷받침할 만한 규모의 도시가 형성되어야 한다. 도시란 직접 생산에 참여하지 않는 사람들(정치가, 학자, 군인, 상인 등)이 모여서 살아가는 곳이다. 따라서 큰 도시가 형성되었다는 것은 그 사람들을 먹여 살리기에 충분할 만큼 그 사회의 생산력이 높아졌다는 것을 의미한다. 즉 10~11세기 이후 유럽 대학의 증가는 그에 앞서 수백 년 동안 지속적으로 유럽 사회의 농업 생산력이 높아졌고, 그를 바탕으로 인구 증가와 도시화가 이루어졌기 때문에 가능해진 일이다.

유럽의 농업 생산력이 높아진 데에는 '삼포식 농법'으로 대표되는 농업 기술의 발달이 크게 이바지했다. 삼포식 농법이란 밭을 셋으로 나누어 매년 그중 두 부분씩 돌아가며 농사를 짓는 것을 말한다. 매년 밭의 3분의 1을 놀려야 하므로 경작 면적은 줄어들지만, 3년에 한 번씩 쉬는 사이 땅이 회복되어 결과적으로 더 많은 수확을 얻을 수 있게 해주는 농법이다.

삼포식 농법이 가능해진 데에는 흥미롭게도 중국에서 들여온 새로운 마구馬具의 도움이 컸다. 유럽에서 사용하던 기존의 마구는 말의 목에 거는 것이어서 말이 힘을 주어 앞으로 나가게 되면 말의 목을 조르곤 했다. 그런데 12세기 무렵 중국을 거쳐 말의 어깨 부분에 걸리는 새로운 마구가 도입되었다. 이 마구 덕분에 말이 끄는 수레에 더 많은 짐을 싣게 되었을 뿐 아니라 말에게 쟁기를 씌워 밭을 갈 수 있게 되었다. 이전보다 밭을 깊게 갈 수 있게 되자 한 번 씨를 뿌려 거둘 수 있는 곡식의 양이 늘어났고, 밭의 3분의 1을 놀려도 예전보다 많은 수확을 얻을 수 있게 되었던 것이다. 문명 사이의 교류가 얼마나 중요한지 다시 한 번 일깨워주는 대목이다.

기술사학자 린 화이트 2세Lynn White Jr., 1907~1987는 이와 같은 중세 유럽의 기술 발전에 주목하고, 여기서 한발 더 나아가 "중세를 기점으로 서양의 기술이 다른 지역을 앞서게 되었으며, 그 배경에는 기술에 대한 기독교의 독특한 관점이 깔려 있었다"는 독창적인 주장을 폈다. 그는 1967년 《사이언스》에 〈우리 환경 위기의 역사적 기원The Historical Roots of Our Ecological Crisis〉이라는 논문을 발표하여, 중세 유럽에서 기술이 발달하는 가운데 '자연은 인간이 사용하기 위해 존재하는 것'이라는 생각이 싹텄고 이것을 뒷받침하기 위해 성서의 가르침이 이용되었다고 주장했다. '하느님이 인간에게 영혼을 불어넣었고 다른 피조물들을 다스릴 권한을 맡겼다'는 성서의 구절들이 인간은 영혼이 없는 다른 피조물들과 근본적으로 다르며 그들을 마음대로 처분할 수 있다는 생각의 밑바탕이 되었다는 것이다.

화이트가 논문을 발표한 1960년대 말은 살충제 DDT의 생물 농축 문제, 또 베트남전에서 고엽제의 후유증 등이 대중에게 알려져 환경 문제에 대한 경각심이 전에 없이 높아지던 시점이었다. 따라서 환경 문제가 오늘날의 문제일 뿐 아니라 서구 문명의 가치에 내재된 문제라는 화이트의 주장은 많은 이들에게 충격을 주었다. 과학기술 때문에 생겨난 환경 문제를 더 많은 과학기술로 해결하려는 시도는 성공할 수 없으며, 인간이 자연을 대하는 태도를 근본적으로 바꾸어야만 환경 문제를 풀어낼 수 있으리라는 그의 주장은 이후 서구의 환경 운동에 커다란 영향을 끼쳤다.

반면 화이트를 비판한 이들도 적지 않았다. 비판자들은 화이트의 주장이 성서를 오해한 데서 비롯되었다고 주장한다. 하느님이 아담에게 "땅을 정복하고 모든 생물을 다스리라"고 한 것은 다른 생명들을 잘 돌보고 이끌라는 것이지, 마음대로 처분해도 좋다는 뜻이 아니라는 것이 이들의 해석이다.

한편 아시아에서 살고 있는 우리가 보기에는 화이트의 주장을 놓고 기독교 사회에서 벌어지는 논쟁이 다소 과장되어 보이기도 한다. 자연을 인간의 목적에 맞게 이용하는 일이 유독 기독교의

가르침을 따른 곳에서만 일어났을까? 독실한 불교와 도교의 신자였던 중국의 황제들은 누구의 가르침을 따랐기에 산을 깎아 궁궐을 짓고 커다란 운하를 팠을까? 오늘날 우리가 생각하듯 동양의 전통 사상이 '자연친화적'이라면, 중국과 인도 곳곳에 남아 있는 거대한 유적들은 다 무엇인가? 인간의 행동을 종교와 같은 한두 가지의 요인으로 설명하려는 시도는 과연 얼마나 설득력이 있을까?

화이트의 주장에 동의하든 그렇지 않든, 이와 같은 논의에서 우리가 배울 수 있는 것은 중세 유럽이 우리가 생각하던 것에 비해서는 훨씬 역동적인 사회였다는 사실이다. 확장하여 말하자면 '정체된 사회'란 없다. 외부인이 보기에, 또는 후세의 사람들이 보기에 자신들의 사회와 비교하여 정체된 것처럼 보일 수는 있겠으나, 그 안을 들여다보면 항상 스스로를 바꾸기 위한 노력이 끊이지 않는 것이 사람들이 살아가는 사회다. 아울러 기억해야 할 것은 다른 사회를 함부로 '정체되었다'거나 '후진적이다'라고 판단하는 이들은 종종 자신의 사회가 더 우월하다는 자만에 빠져 있는 경우가 많다는 점이다.

에필로그
Epilogue

1 지식인 지도
2 지식인 연보
3 키워드 해설
4 참고문헌
5 찾아보기

EPILOGUE1

지식인 지도

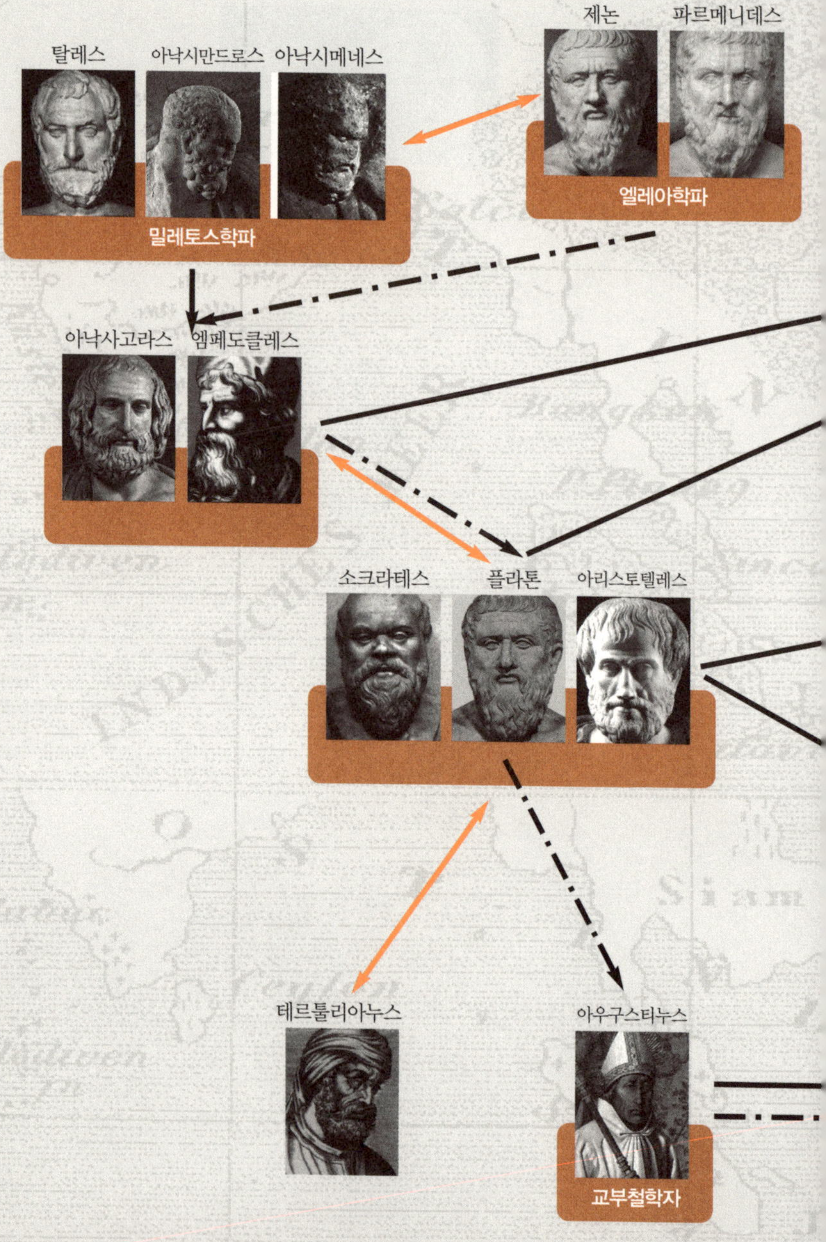

탈레스 · 아낙시만드로스 · 아낙시메네스
밀레토스학파

제논 · 파르메니데스
엘레아학파

아낙사고라스 · 엠페도클레스

소크라테스 · 플라톤 · 아리스토텔레스

테르툴리아누스

아우구스티누스
교부철학자

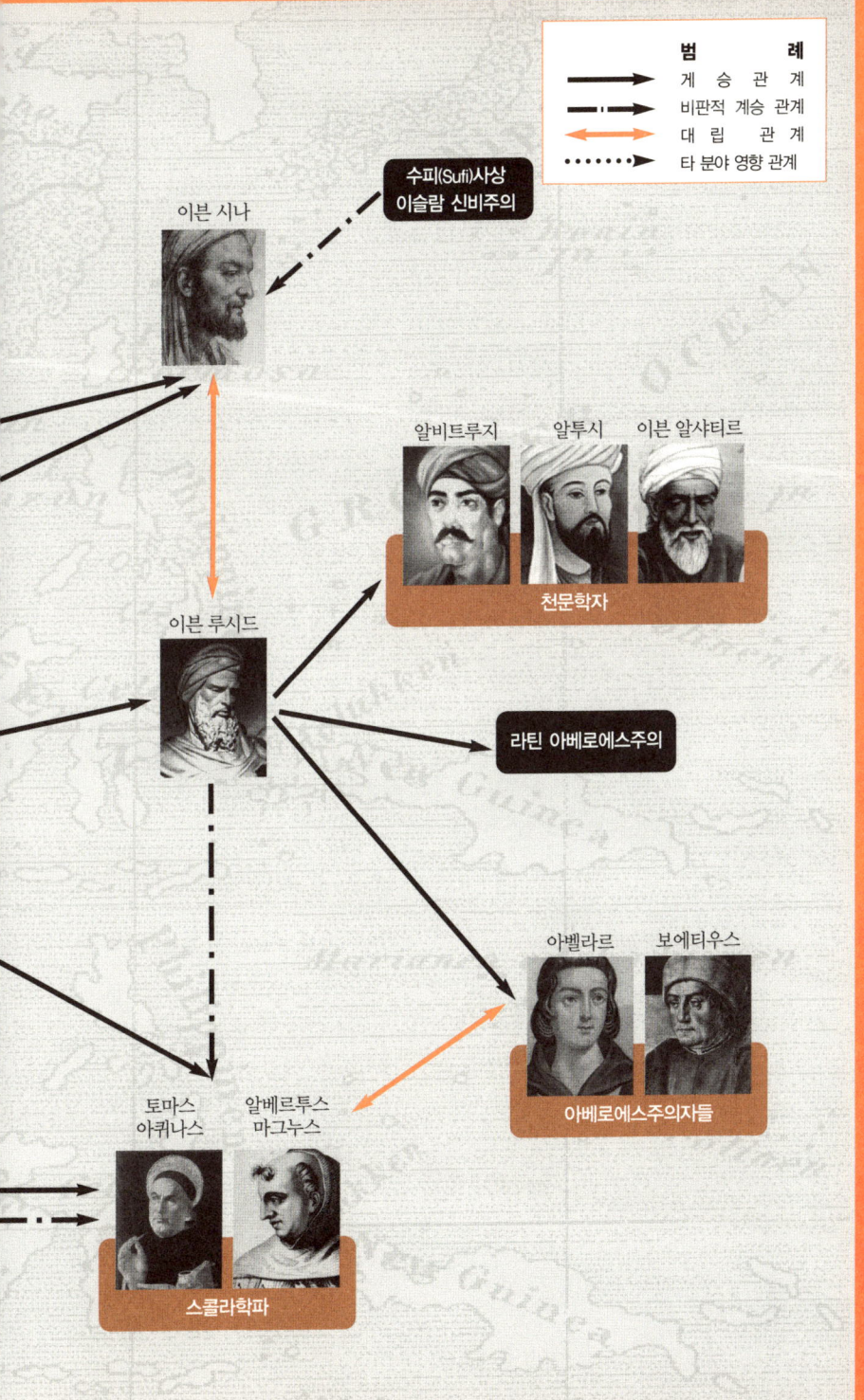

EPILOGUE2

지식인 연보

• **아리스토텔레스**

BC 384	마케도니아의 스타게이로스에서 아민타스 3세의 주치의 니코마코스의 아들로 태어남
BC 374	부모의 사망으로 친지의 보살핌을 받음
BC 366	아테네의 아카데메이아에 입학
BC 347	플라톤 사후 아카데메이아의 다음 교장으로 거론되었으나, 그 자리를 플라톤의 조카가 차지하자 아테네를 떠나 친구 크세노크라테스에게 몸을 의탁함. 이후 이곳저곳을 다니며 생물학 등을 연구
BC 343	마케도니아의 왕 필리포스 2세의 초청을 받고 돌아가 어린 왕자 알렉산드로스의 스승이 됨
BC 335	그리스가 알렉산드로스의 지배 아래 들어가자 아테네로 돌아옴. 새로운 학교 리케이온을 세움
BC 335	리케이온에서 제자들을 길러내며 많은 책을 집필함. 오늘날 전해지는 아리스토텔레스의 책 대부분이 이 시기에 쓰였으며, 아리스토텔레스와 제자들은 리케이온의 뜨락을 거닐며 철학을 토론하였다 하여 '소요학파'라 불리게 됨
BC 328	알렉산드로스의 원정에 딸려 보낸 조카 칼리스테네스가 왕을 비판하다가 노여움을 사 처형되자 알렉산드로스와의 관계가 나빠짐. 그러나 아테네 사람들은 그가 여전히 알렉산드로스의 후원을 등에 업고 있다고 여김
BC 322	알렉산드로스가 죽자 아테네를 떠나 칼키스 섬으로 몸을 피함. 그곳에서 세상을 떠남

• 이븐 루시드

1126	코르도바의 대법관 가문에서 태어남
1153	북아프리카로 건너가 마라케시의 알모하드 왕조 궁정에서 활동
1163	북아프리카의 모로코에서 일어난 알모하드 왕조의 아부 야쿱 유수프가 알모라비드 왕조를 몰아내고 스페인 일대를 다스림
1169	세비야의 카디(판사)가 됨
1171	코르도바의 카디를 겸함
1182	이븐 투파일의 뒤를 이어 아부 야쿱 유수프의 수석 주치의가 됨
1184	아부 야쿱 알만수르가 아부 야쿱 유수프의 뒤를 이어 왕위에 오름
1195	보수적 종교인들의 비판을 피해 코르도바를 떠나 루체나로 피신함
1197	잘못된 철학을 퍼뜨린 죄로 코르도바의 법정에 섬. 유죄 판결을 받고 연금됨
1198	알만수르가 이븐 루시드를 복권시키고 마라케시로 불러들임. 얼마 지나지 않아 세상을 떠남
1199	이븐 루시드의 유해가 코르도바로 옮겨지고, 성대한 장례식이 치러짐

EPILOGUE3

키워드 해설

- **원인**^{cause} 아리스토텔레스의 철학은 감각으로 인지할 수 있는 세계를 다루는 '자연학(physics)'과, 감각을 초월한 세계를 다루는 '형이상학(metaphysics)'으로 나뉜다. 아리스토텔레스는 우리가 감각으로 인지할 수 있는 갖가지 변화들의 원인과 과정을 설명하는 것이 자연학의 임무이므로, '원인'을 정의하고 설명하는 일은 자연학의 주춧돌이 되는 가장 중요한 작업이라고 생각했다. 아리스토텔레스는 네 가지의 원인을 생각했는데, 그것은 각각 ① 질료인(質料因: 사물의 물질적 바탕이 되는 것), ② 형상인(形相因: 사물이 그 '형상'을 본떠 만들어지는 것, 사물을 정의할 수 있는 기준이 된다), ③ 운동인(運動因: 사물이 형성되는 원인이 되는 힘), ④ 목적인(目的因: 사물이 형성됨으로써 지향하는 바)이다.

- **형상**^{form}**과 질료**^{matter} 아리스토텔레스는 네 가지 원인 가운데 ②, ③, ④를 나누어 생각할 수 있는 것은 인간이 만들어낸 사물들이고, 자연물에서는 이 세 가지를 구분할 수 없다고 생각했다. 따라서 자연물은 결국 '질료'와 '형상'(②, ③, ④를 포괄한 큰 개념으로서의 형상)으로 이루어진다. '에이도스(eidos)', 즉 형상은 단순한 생김새라기보다는 '이것을 이것으로서 인지할 수 있도록 하는 것'이다. 개와 고양이가 서로 다른 짐승이라고 우리가 느낄 수 있는 까닭들, 즉 생김새와 습성 등이 모두 개와 고양이의 형상이다. 한편 '질료'라는 말은 '물질'과 비슷한 것으로 받아들이기 쉬운데, 사실 아리스토텔레스의 생각으로는 '힐레(hyle)', 즉 질료는 '가공하면 무엇인가가 되는 원료', 즉 채 '물질'이 되기 이전의 상태를 뜻한다. 질료 자체는 어떠한 형태도 없고, 인간이 감각으로 인지할 수 있는 특징도 없다. 형상과 질료가 결합함으로써 물질 이전의 상태였던 것들이 비로소 물질이 되어 생겨나는 것이다.

- **목적론**^{teleology} 아리스토텔레스는 인간사뿐만 아니라 자연 현상에도 목적론을 적용함으로써 후대에 큰 영향을 미쳤다. 아리스토텔레스는 자연의 모든 사

물들이 '질료 안에서 형상을 실현해가는 과정을 통해' 자기 몫의 텔로스(목적)를 향해 나아간다고 생각했다. '가능한 것'을 '지금 존재하는 것'으로 바꾸어 가는 과정이 모든 사물들의 삶이라는 것이다. 뒷날 기독교와 아리스토텔레스 철학을 융합하려 한 중세의 스콜라 철학에서도 이와 같은 목적론을 받아들였지만, 근대의 철학자들은 대체로 목적론을 배격하였다. 일반적으로 목적론은 기계론과 대립된다. 목적론이 세상 만물의 변화가 모두 숨어 있는 목적을 달성하고자 일어나는 것이라고 생각하는 반면, 기계론은 변화는 그냥 그렇게 될 이유가 있어서 일어났을 뿐 특별한 목적을 채우기 위한 것은 아니라고 주장한다. 역사적으로 기계론을 주장하는 사람들은 종종 무신론자라는 공격을 받곤 했으며, 목적론을 주장하는 사람들은 '(이 세상이 선한 목적을 향해 움직였으면 좋겠다는) 바람과 현실을 혼동한다'는 비판을 받는다. 오늘날의 자연과학은 목적론적인 해석을 더 이상 받아들이지 않는다.

• **신플라톤주의**neoplatonism 플라톤의 '이데아' 설을 신비주의와 접목시켜 발전시킨 그리스 철학의 일파. 기원후 2~6세기에 흥성했다. 암모니오스 사카스(Ammonios Sakkas, 175?~242)가 창시한 것으로 알려져 있으며, 플로티노스가 이 사상을 널리 알렸다. 신플라톤주의에서는 태초에 '일자'가 있었고, 빛이 뿜어져 나오듯 일자가 '유출'하여 고등한 존재가 생기고, 다시 고등한 존재가 유출하여 하등한 존재가 생겨난다고 생각한다. 한편 이미 생겨난 존재들은 일자를 '관조(觀照)'함으로써 일자에 가까워지고 그것으로 돌아가려고 한다. 이처럼 위에서 아래로, 또 아래에서 위로 일어나는 두 가지 운동이 우주를 구성한다는 것이 이들의 주장이다. 신플라톤주의는 초기 기독교 사상가들에게 큰 영향을 끼쳤으며, 이븐 시나나 알파라비 같은 이슬람 철학자들에게 영향을 끼쳤고, 유럽 르네상스기에 신비주의 사조가 각광받으면서 다시금 위세를 떨쳤다. 신플라톤주의에서 만물의 근원으로 태양을 높이 여겼던 것이 코페르니쿠스 등이 태양을 중심으로 한 우주 구조를 제시한 배경 중 하나라는 설도 있다.

• **오컴의 면도날**Ockham's Razor 영국의 스콜라 철학자 오컴(William of Ockham, 1285?~1349)이 제시한 규칙. 흔히 '경제성의 원리(Principle of economy)'라고도 일컬어진다. 오컴이 한 문장으로 이 원리를 요약하여 제시한 적은 없지만, 그 원래 형태는 대략 '존재하는 것의 수를 필요한 것보다 더 늘려 잡아서는 안 된다'고 옮길 수 있다. 알기 쉽게 풀자면 '반드시 필요하지 않은 가설은 세우지 말라'는 뜻이다. 예를 들어 눈에 보이지 않는 수정천구나 주전원을 가정해야 하는 지구 중심 우주 구조보다는 그런 것들을 가정하지 않아도 되는 태양중심설

이 더 합당한 이론이 된다는 것이다. 오컴의 면도날은 오늘날에는 '더 과학적인 주장'을 가려내기 위한 규칙으로서 받아들여지지만, 오컴이 그것을 제안했던 맥락은 전혀 다르다. 오컴은 그리스 철학에 반대하는 유명론(唯名論, nominalism)의 입장에서 이 규칙을 제안했다. 유명론은 간단히 말하자면 "보편자란 존재하지 않고, 우리가 보편자라고 믿는 것은 '이름'일 뿐"이라는 주장이다. 즉 '개'란 사람이 개별적인 개들을 아울러 부르기 위해 편의상 붙인 이름일 뿐이지, 플라톤이 생각한 것과 같은 보편자로서의 '개'란 존재하지 않는다는 것이다. 이와 같은 주장은 당대에는 '일련의 사건들 사이에는 합리적 인과관계가 있어야 한다'는 생각을 부정함으로써 그리스 철학을 논박하고 신학을 옹호하는 데 쓰였지만, 뒷날에는 영국 경험주의 철학의 뿌리가 되어 '실험으로 입증되지 않는 가설은 신뢰할 수 없다'는 뜻으로 받아들여졌다.

EPILOGUE4

참고문헌

- 제프리 로이드, 《그리스 과학사상사》 - 지성의 샘, 1996

아리스토텔레스에 대한 책은 적지 않지만, 대부분이 그의 철학에 관한 것들이다. 아리스토텔레스의 자연철학에 관한 책은 이 책을 빼고는 아마도 시중에서 구할 수 없을 것이다. 이 책은 아리스토텔레스만을 다룬 것은 아니지만, 탈레스부터 아리스토텔레스에 이르는 그리스 자연철학 사상의 변천을 폭넓게 다루고 있어 이 분야를 처음 접하는 이들은 꼭 한번 읽어볼 만한 책이다.

- 루퍼트 우드핀, 《하룻밤의 지식여행 - 아리스토텔레스》 - 김영사, 2005

삽화를 통해 아리스토텔레스 사상의 대략을 설명하는 책. 삽화가 들어간다고 꼭 쉬워지는 것은 아닐 테지만, 분량이 부담스럽지 않으므로 자연철학을 넘어서 아리스토텔레스 사상의 전모를 알고자 하면 읽어볼 만하다.

- 플라톤, 《티마이오스》 - 서광사, 2000

솔직히 "이 책을 꼭 읽어보라"고 추천하기엔 너무 어렵다. 하지만 언제까지 남이 요약해놓은 것만 볼 수는 없는 일이니, 본격적으로 그리스 자연철학에 흥미를 느끼는 독자라면 플라톤의 자연철학이 압축되어 있는 이 책에도 도전해볼 만하다. 사라진 고대의 대륙 '아틀란티스'를 운운하며 플라톤이 이야기를 시작하는데…… 무엇이 기독교인들로 하여금 이 책에 매료되게 했는지, 또 플라톤의 자연철학이 플라톤 철학 전체에서 차지하는 위치는 어디인지 생각하며 읽어보면 좋을 것이다.

- 아베로에스, 《결정적 논고》 - 책세상, 2005

이븐 루시드의 저작은 오늘날 아랍어로 된 것은 하나도 남아 있지 않고, 라틴어로 번역된 것들만 전해 오고 있다. 또 아리스토텔레스의 저작에 주해를 단 형식이기 때문에 일반인들이 읽어서 그의 사상을 파악하기란 매우 어려운 일이다.

이 때문인지 한국에 이븐 루시드의 사상을 다룬 책은 몇 안 되는 것이 현실이다. 이 책은 이븐 루시드가 '신학과 철학은 양립할 수 있는가?' 라는 질문에 대해, 논증과 이성의 역할을 강조하며 철학 연구의 필요성을 옹호한 책이다. 옮긴이의 충실한 해제도 이븐 루시드를 이해하려는 사람들에게 좋은 길잡이가 될 것이다.

• 버나드 루이스, 《이슬람 1400년(개역판)》 — 까치, 2001
구미에서 이슬람 연구의 최고 권위자로 꼽히는 버나드 루이스가 편집을 맡은 이슬람 문명에 대한 개설서다. 이슬람 세계의 종교와 역사는 물론 문학, 음악, 미술, 과학, 군사 등 여러 분야에 대해 각 분야의 권위 있는 연구자들이 글을 썼다. 과학 분야는 하버드 대학교의 사브라(Abdelhamid I. Sabra) 교수가 집필을 맡았다. 이슬람 과학의 전반적인 모습에 대해 많은 정보를 얻을 수 있다. 이슬람 문명의 화려함을 엿볼 수 있는 천연색 도판들도 눈길을 끈다.

• 하워드 R. 터너, 《이슬람의 과학과 문명》 — 르네상스, 2004
미국에서 열린 이슬람 과학 유산 전시회가 계기가 되어 펴낸 책이다. 이슬람 문명의 역사적 배경부터 시작해서, 우주론, 수학, 천문학, 점성술, 지리학, 의학, 자연과학(아마도 '자연철학' 을 옮긴 용어인 듯), 연금술, 광학 등을 분야별로 꼼꼼히 소개하고 있다. 전시회에 출품되었던 과학 유물들의 사진도 풍부하게 실려 있다(번역본의 도판의 색채 처리는 다소 아쉬움이 남지만). 위의 책에 실린 사브라의 글이 너무 짧아 아쉬움을 느꼈던 독자라면 이 책에서 더 자세한 정보를 얻을 수 있을 것이다.

• 칼 W. 언스트, 《무함마드를 따라서 : 21세기에 이슬람 다시 보기》 — 심산, 2005
이슬람 문명과 이슬람 사상 전반에 대한 알기 쉬운 개설서다. 주로 사상에 대해 다루고 있으며 한 개의 장에서 이슬람 과학에 대해 다루고 있다. 이슬람 과학이 종교의 위세에 눌려 쇠퇴했다는 기존의 통념에 대해, 최근의 연구 성과를 들어 과학이 실제로 쇠퇴한 적은 없었음을 주장하고 있다. 미국에서 이슬람에 대한 적개심이 높아진 9·11 테러 이후에 이슬람에 대한 공정한 이해를 촉구하면서 출간된 책이어서, 요즘의 이슈에 관심이 많은 독자들에게 권할 만하다.

• 리처드 루빈스타인, 《아리스토텔레스의 아이들》 — 민음사, 2004
제목에서 짐작할 수 있듯이, 아리스토텔레스와 이븐 루시드의 사상이 중세 유럽의 철학자들게 어떤 영향을 미쳤는지에 초점을 맞춘 책이다. 아리스토텔레스의 생애, 이븐 시나와 이븐 루시드의 사상, 합리주의 철학에 대한 기독교 신학자들의 반응 등을 다루고 있으며, 종교계의 반발과 탄압에도 불구하고 합리주의 철학의 흐름이 중세 유럽에 어떻게 뿌리를 내리게 되었는지 차분하고도 알기 쉽게 쓰여 있다.

• 정혜용 글, 신영희 그림, 《과학은 흐른다》(1, 2권) - 청년사, 2005

세계의 과학사를 다룬 만화다. 하지만 만화라고 쉽게 보아선 안 된다. 과학사의 주요한 인물과 사건에 대해 다루어야 할 것은 빼놓지 않고 다루고 있기 때문에 꼼꼼히 읽어보아야 한다. 1권에서는 고대 그리스의 과학을, 2권에서는 이슬람 세계의 과학을 각각 한 장씩에 걸쳐 다루고 있다. 같은 내용이라도 좀더 편하게 접하고 싶으면 이 책으로 시작하는 것도 괜찮다. 다만 매체의 특성상 자세한 설명까지는 실리지 않았으므로, 이 책으로 시작하여 다른 책들을 찾아보아야 할 것이다.

EPILOGUE 5

찾아보기

ㄱ

과학혁명 p. 20, 21, 25, 147, 149
《기하학원론》 p. 142

ㄴ

나시르 알딘 알투시 p. 131
네스토리우스교 p. 97

ㄷ

대심 p. 126-132, 160, 161, 166
데모크리토스 p. 37
《동물부분론》 p. 118

ㄹ

레우키포스 p. 37
리조마타 p. 36, 37, 45, 47
리케이온 p. 55, 56, 85, 87
린 화이트 2세 p. 184

ㅁ

마케도니아 p. 50, 52-55, 181
마틴 버낼 p. 174
말리키 학파 p. 136, 137
목적론적 자연관 p. 81
목적인 p. 59, 73, 79-83
무세이온 p. 86, 87, 90, 96
무타질라 p. 99, 116
무함마드 p. 93-95, 115

ㅂ

보에티우스 p. 140
《복원과 대비로 계산하는 법에 대한 개론서》
  p. 110, 111, 142
《블랙 아테나: 고대 문명의 아프리카—아시아
  적 기원》 p. 174

ㅅ

사비파 p. 101
소요학파 p. 55
소크라테스 p. 41
스콜라 철학 p. 18, 147

스토이케이온 p. 45
스페우시포스 p. 54
《시학》 p. 139
《식물지에 대하여》 p. 86
《신곡》 p. 18

ㅇ

아낙사고라스 p. 36, 37
아낙시만드로스 p. 33, 34
아낙시메네스 p. 34
아르키메데스 p. 87, 89, 102
아리스토텔레스 p. 15-25, 52-71, 73-86, 91, 93, 98-101, 112, 114, 116, 118*131, 134, 137, 139, 140, 142-144, 147, 149, 150, 181
아바스 왕조 p. 98, 182
아베로에스주의자 p. 18, 144, 147
아부 알아바스 p. 98
아브드 알무민 p. 117
아쉬아리 학파 p. 116
아스클레피오스 의사 조합 p. 51
아우구스티누스 p. 91
아카데메이아 p. 24, 41, 44, 53, 54, 87, 100
아토모스 p. 38
아페이론 p. 33, 34
알가잘리 p. 135
《알마게스트》 p. 142, 160
알마문 p. 99, 100, 102
알바타니 p. 111
알비트루지 p. 131
알콰리즈미 p. 110, 111, 142
알킨디 p. 102
알하이야미 p. 111
야쿱 알만수르 p. 119, 133
야쿱 유수프 p. 117-119, 133
에드워드 그랜트 p. 150

에라시스트라토스 p. 87
에라토스테네스 p. 87, 88
에우독소스 p. 69, 70, 72, 126
에테르 p. 64-66, 75
에티엔 탕피에 p. 12, 147
엠페도클레스 p. 36, 37, 45-48, 60, 61, 66
우마이야 왕조 p. 98
운동인 p. 58, 59
울루그 베그 p. 106
원동자 p. 67, 68, 122, 124, 131
《의학각론》 p. 133
《의학정전》 p. 108, 133
《의학총론》 p. 133
이데아 p. 43, 44, 46, 48, 54, 60, 124
이븐 루시드 p. 16-23, 114-126, 129-137, 144, 150, 181
이븐 바자 p. 112
이븐 시나 p. 20
이븐 알샤티르 p. 131
이븐 알하이삼 p. 112
이븐 이샤크 p. 101
이븐 주흐르 p. 118, 133
이븐 투파일 p. 117, 118, 131, 132
이심원 p. 126-131, 161, 162, 165, 166
일자 p. 121, 122

ㅈ

자비르 이븐 하이얀 p. 112
자연의 사다리 p. 80, 81
주전원 p. 126-129, 131, 160-162, 165, 166
지혜의 집 p. 101, 102
질료인 p. 58, 60, 134

ㅊ

천구 p. 66, 67, 69, 70, 72, 73, 75, 122, 123, 129-131, 154, 155, 160-163
《천연두와 홍역에 대하여》 p. 107
《철학자의 오류》 p. 135

ㅋ

칼리푸스 p. 126
콘스탄티누스 황제 p. 90
《쿠란》 p. 94, 97, 98, 99, 108, 120, 121, 133, 134

ㅌ

타비트 이븐 쿠라 p. 101
탈레스 p. 30, 32, 40
테르툴리아누스 p. 90, 91
테오프라스토스 p. 85, 86
토미즘 p. 18
투시의 대원 p. 131
《티마이오스》 p. 41, 45, 48, 49
티무르 p. 106

ㅍ

파르메니데스 p. 35-37, 43, 63
페르시아 전쟁 p. 50
펠로폰네소스 전쟁 p. 50
폴리스 p. 30, 50
프톨레마이오스 1세 p. 86
프톨레마이오스 p. 87, 102, 104, 126, 129, 130, 142
플라톤 p. 20, 24, 40, 41, 43-49, 53, 58, 60, 62, 63, 78, 83, 84, 92, 93, 100, 121, 124, 140
플로티노스 p. 42, 121

ㅎ

《하디스》 p. 120
헤라클레이토스 p. 35
헤지라 p. 95
형상인 p. 58
《형이상학》 p. 125, 137
히파르코스 p. 87, 126
히파티아 p. 89
히포크라테스 p. 51, 52, 101, 107, 133

인류의 지성사를 이끌어온
100인의 지식인 마을 주민들